Amadeu Rossi

A Linguagem das Emoções
Guia Completo para a Gestão Emocional

Título Original: A Linguagem das Emoções

Copyright © 2024, publicado por Luiz Antonio dos Santos ME.

Este livro é uma obra de não-ficção que explora práticas e conceitos no campo da inteligência emocional e gestão de sentimentos. Através de uma abordagem abrangente, o autor oferece ferramentas práticas para compreender as emoções, promover o equilíbrio emocional e cultivar a resiliência.

1ª Edição
Equipe de Produção

Autor: Amadeu Rossi
Editor: Luiz Santos
Revisão: Robson Sass
Capa: Studios Booklas / Claudio Ambrásio
Diagramação: Regis Bennet

Publicação e Identificação
A Linguagem das Emoções
Editora Booklas, 2024
Categorias: Psicologia / Desenvolvimento Pessoal / Gestão Emocional
DDC: 152.4 - CDU: 159.942

Todos os direitos reservados a:
Luiz Antonio dos Santos ME / Booklas

Nenhuma parte deste livro pode ser reproduzida, armazenada num sistema de recuperação ou transmitida por qualquer meio — eletrônico, mecânico, fotocópia, gravação ou outro — sem a autorização prévia e expressa do detentor dos direitos de autor.

Sumário

Prólogo 6
Capítulo 1 Introdução 7
Capítulo 2 Autoconhecimento 11
Capítulo 3 Inteligência Emocional 15
Capítulo 4 Fisiologia das Emoções 19
Capítulo 5 Pensamentos e Emoções 24
Capítulo 6 A Linguagem das Emoções 28
Capítulo 7 Influências Externas 32
Capítulo 8 Emoções Positivas 36
Capítulo 9 Emoções Negativas 40
Capítulo 10 Resiliência Emocional 44
Capítulo 11 Auto-observação 48
Capítulo 12 Mindfulness 52
Capítulo 13 Respiração Consciente 56
Capítulo 14 Relaxamento 60
Capítulo 15 Meditação 64
Capítulo 16 Comunicação Não-Violenta 68
Capítulo 17 Assertividade 72
Capítulo 18 Gerenciando o Estresse 76
Capítulo 19 Lidando com a Raiva 80
Capítulo 20 Superando a Tristeza 85
Capítulo 21 Vencendo o Medo 89
Capítulo 22 Autocompaixão 94
Capítulo 23 Perdão 98
Capítulo 24 Gratidão 102
Capítulo 25 Pensamento Positivo 107

Capítulo 26 Gestão Emocional nos Relacionamentos 112
Capítulo 27 Gestão Emocional na Família 116
Capítulo 28 Gestão Emocional no Trabalho 120
Capítulo 29 Gestão Emocional na Educação 124
Capítulo 30 Gestão Emocional e Saúde Mental 129
Capítulo 31 Autoestima: Construindo a Base da Confiança 134
Capítulo 32 Confiança: Desenvolvendo a Força Interior 138
Capítulo 33 Motivação: Despertando a Força Interior 142
Capítulo 34 Despertando o Potencial Imaginativo 146
Capítulo 35 Espiritualidade e Gestão Emocional 150
Capítulo 36 Corpo e Mente: A Dança do Bem-Estar 154
Capítulo 37 Alimentação e Emoções 158
Capítulo 38 Exercício Físico e Emoções: 162
Capítulo 39 Sono e Emoções: A Sinfonia do Repouso 166
Capítulo 40 Tecnologia e Emoções 170
Capítulo 41 A Arte da Adaptação 175
Capítulo 42 A Bússola da Inteligência Emocional 179
Capítulo 43 Alinhando Emoções com Objetivos 183
Capítulo 44 Superando Traumas 188
Capítulo 45 Lidando com a Perda 193
Capítulo 46 Aceitação 198
Capítulo 47 Explorando as Profundezas da Psique 202
Capítulo 48 Inteligência Social 207
Capítulo 49 Liderança e Gestão Emocional 211
Capítulo 50 Gestão Emocional no Mundo Moderno 215
Capítulo 51 Gestão Emocional na Prática 220
Capítulo 52 Criando um Plano de Ação 224

Capítulo 53 Expandindo seu Kit de Gestão Emocional 228
Capítulo 54 Mantendo o Equilíbrio 233
Capítulo 55 Colhendo os Frutos da Gestão Emocional 237

Prólogo

Caro leitor,

Permita-me apresentar-lhe este livro não apenas como um editor, mas como um companheiro de jornada. Em minhas mãos, ele se revelou um mapa detalhado para navegar os mares turbulentos das emoções, um guia essencial para aqueles que buscam a serenidade em meio ao caos do mundo moderno.

Se você se sente sobrecarregado pela ansiedade, perdido em um turbilhão de sentimentos, ou simplesmente deseja aprofundar sua conexão consigo mesmo, este livro é para você.

As páginas que você está prestes a desvendar oferecem um refúgio, um espaço de acolhimento e aprendizado. Elas o conduzirão por uma jornada transformadora de autoconhecimento, revelando a força e a sabedoria que residem em seu interior.

Este livro é um bálsamo para a alma, um convite à cura e ao crescimento pessoal. Recomendo-o a todos que desejam:

Dominar a arte da inteligência emocional: compreender e gerenciar suas emoções com maestria.

Cultivar a resiliência: fortalecer-se diante dos desafios e adversidades da vida.

Construir relacionamentos mais saudáveis: comunicar-se com clareza e empatia, aprofundando seus laços afetivos.

Encontrar a paz interior: acalmar a mente, aquietar o coração e viver com mais serenidade.

Confio que esta obra o tocará profundamente, assim como me tocou. Que ela seja seu farol em meio à tempestade, guiando-o em direção a uma vida mais plena e significativa.

Luiz Santos
Editor

Capítulo 1
Introdução

A vida pode ser compreendida como uma rica tapeçaria de experiências, em que cada fio é representado por uma emoção essencial ao nosso crescimento e compreensão de nós mesmos. Esses fios se entrelaçam em um desenho único, formado pelas vivências que acumulamos ao longo do tempo. Alegria, tristeza, amor, medo e tantas outras emoções não apenas influenciam nossas decisões, mas também moldam nossa visão do mundo e nossas relações. Por isso, dominar essas emoções é mais do que uma habilidade; é um passo fundamental para cultivar equilíbrio e sabedoria em nossa jornada. A gestão emocional, nesse sentido, não é apenas uma necessidade, mas uma ferramenta poderosa para viver de maneira plena e consciente.

As emoções, quando compreendidas e gerenciadas adequadamente, deixam de ser meros reflexos involuntários e se tornam aliadas valiosas. Cada uma carrega um propósito e uma mensagem sobre o que precisamos observar ou transformar. Assim, aprender a interpretá-las e utilizá-las de forma inteligente não significa ignorá-las, mas integrá-las de maneira harmônica em nossa rotina. Esse processo nos permite agir de forma mais consciente, mesmo diante de desafios ou situações adversas, e nos capacita a enfrentar a vida com resiliência e confiança.

No decorrer deste livro, você será guiado a explorar e desenvolver a capacidade de gerenciar suas emoções com maior clareza e propósito. Esta jornada irá proporcionar não apenas uma compreensão mais profunda de si mesmo, mas também ferramentas práticas para aprimorar seus relacionamentos, tomar decisões mais assertivas e viver com autenticidade. É um convite para acessar e despertar seu potencial interno, transformando emoções antes vistas como obstáculos em forças que impulsionam seu crescimento pessoal.

Porém, muitas vezes nos encontramos à deriva nesse mar emocional, sem o conhecimento ou as ferramentas necessárias para lidar com as ondas turbulentas que surgem em nosso caminho. Sentimo-nos sobrecarregados pela raiva, paralisados pelo medo, afogados pela tristeza ou perdidos em um turbilhão de ansiedade. As emoções, que deveriam ser bússolas para guiar nossas vidas, tornam-se tempestades que nos desviam do nosso curso.

É nesse contexto que a gestão emocional emerge como um farol, iluminando o caminho para uma vida mais equilibrada, plena e significativa. A gestão emocional é a arte de compreender, regular e utilizar as emoções de forma inteligente e construtiva. É a capacidade de reconhecer e nomear as próprias emoções, identificar seus gatilhos e desenvolver estratégias eficazes para lidar com elas de maneira saudável.

Dominar a arte da gestão emocional é como adquirir uma bússola interna, que nos permite navegar com mais segurança pelos desafios da vida. É aprender a transformar as emoções de inimigas em aliadas, utilizando sua energia para impulsionar o crescimento pessoal, fortalecer os relacionamentos e alcançar nossos objetivos.

A gestão emocional não se trata de suprimir ou negar as emoções. Pelo contrário, é sobre acolhê-las, compreendê-las e integrá-las à nossa experiência de vida. É sobre reconhecer que todas as emoções, sejam elas agradáveis ou desagradáveis, têm um propósito e podem nos ensinar algo valioso sobre nós mesmos e o mundo ao nosso redor.

Ao desenvolvermos a capacidade de gerenciar nossas emoções, abrimos portas para uma vida mais autêntica e satisfatória. Aumentamos nossa resiliência, melhoramos nossos relacionamentos, tomamos decisões mais conscientes e cultivamos um maior bem-estar mental e físico.

Neste livro, vamos embarcar em uma jornada profunda e transformadora pelo universo da gestão emocional. Exploraremos os fundamentos da inteligência emocional, desvendaremos a conexão entre pensamentos, emoções e comportamentos, e aprenderemos técnicas práticas para lidar com as emoções desafiadoras e cultivar emoções positivas.

Aprenderemos a ouvir a linguagem do nosso corpo, a identificar os gatilhos emocionais e a desenvolver estratégias eficazes para regular nossas respostas. Abordaremos a importância da autocompaixão, do perdão e da gratidão na construção de uma vida emocionalmente equilibrada.

Convido você a se juntar a mim nesta jornada de autodescoberta e transformação. Ao longo dos capítulos, vamos desbravar juntos os caminhos da gestão emocional, adquirindo ferramentas e conhecimentos que o empoderarão a criar uma vida mais plena, autêntica e significativa.

Este livro é um convite para despertar o mestre interior que reside em você, aquele que conhece a sabedoria das emoções e sabe como utilizá-las para criar uma vida mais feliz, equilibrada e realizada. É um guia para libertar-se das correntes das emoções descontroladas e navegar com maestria pelas águas da vida.

Capítulo 2
Autoconhecimento

O autoconhecimento constitui a base essencial para uma vida mais consciente e plena, permitindo compreender profundamente quem você é e como funciona em diferentes contextos. Ele se configura como uma jornada de introspecção que vai além de meras reflexões superficiais, buscando identificar padrões de pensamento, emoções predominantes e as crenças que moldam suas escolhas diárias. Esse processo não é apenas transformador, mas necessário para fortalecer a conexão consigo mesmo e promover o equilíbrio entre mente, corpo e emoções. Assim, ao explorar seus traços mais íntimos, você pode desenvolver um entendimento claro das dinâmicas internas que influenciam sua forma de viver e interagir com o mundo ao redor.

Ter um olhar atento para suas reações diante dos desafios cotidianos revela muito sobre suas motivações e limitações. Isso exige coragem para enfrentar a complexidade de suas emoções e reconhecer aspectos que nem sempre são confortáveis de admitir. A aceitação dessa dualidade – virtudes e falhas – é o que lhe permitirá crescer, transformando as dificuldades em oportunidades de aprendizado. Quando você adquire essa compreensão sobre si mesmo, torna-se capaz de alinhar suas ações com seus valores mais genuínos, construindo um caminho de maior autenticidade e realização.

O autoconhecimento não é um destino fixo, mas um processo contínuo que demanda dedicação e prática. Cada descoberta sobre si mesmo abre novas portas para mudanças positivas, fortalecendo sua capacidade de tomar decisões com mais clareza e propósito. Com uma visão clara de quem você é e do que realmente importa, as escolhas se tornam mais conscientes, e os resultados, mais significativos. É por meio desse mergulho em sua essência que você encontra a liberdade de viver com mais presença, equilíbrio e plenitude, transformando a si mesmo e seu impacto no mundo ao seu redor.

Assim como um navegador precisa conhecer as estrelas para se orientar no mar, você precisa conhecer a si mesmo para navegar com segurança pelas águas da vida. O autoconhecimento é a bússola interna que permite traçar rotas, evitar armadilhas e alcançar seus objetivos com mais clareza e propósito.

A jornada do autoconhecimento é uma aventura fascinante, repleta de descobertas e desafios. É um processo contínuo de aprendizado e crescimento, que exige coragem para se confrontar com suas sombras e humildade para reconhecer suas virtudes.

Para iniciar essa jornada, é essencial cultivar a auto-observação. Preste atenção aos seus pensamentos, sentimentos e comportamentos. Observe como você reage em diferentes situações, quais são seus gatilhos emocionais e como suas emoções influenciam suas decisões.

Investigue seus valores e crenças. O que é realmente importante para você? Quais são seus princípios? Quais são as crenças que moldam sua visão de mundo? Compreender seus valores é fundamental para tomar decisões alinhadas com sua essência e viver uma vida autêntica.

Explore suas motivações. O que o impulsiona? Quais são seus sonhos e aspirações? O que o faz sentir-se vivo e realizado? Conectar-se com suas motivações é como acender uma chama interior, que o impulsionará na direção dos seus objetivos.

Reconheça seus pontos fortes e fracos. Todos nós temos qualidades e habilidades que nos destacam, assim como áreas que precisam ser desenvolvidas. Identificar seus pontos fortes é essencial para usar seus talentos a seu favor. Reconhecer seus pontos fracos é o primeiro passo para superá-los e crescer.

Aceite suas imperfeições. A jornada do autoconhecimento não é sobre buscar a perfeição, mas sim sobre acolher sua humanidade em sua totalidade. Reconheça que você é um ser em constante evolução, com qualidades e defeitos, luzes e sombras. Abrace sua autenticidade e liberte-se da pressão de ser perfeito.

Ao se conhecer profundamente, você estará construindo uma base sólida para a gestão emocional. Compreenderá melhor suas reações, identificará seus padrões de comportamento e desenvolverá estratégias mais eficazes para lidar com suas emoções.

Ao abraçar o autoconhecimento, você começa a cultivar uma relação mais íntima consigo mesmo, onde a compreensão e a aceitação substituem julgamentos severos. Esse processo fortalece sua capacidade de resiliência e lhe permite enfrentar os desafios com mais serenidade e confiança. É na prática constante de se observar e refletir que você descobre um poder transformador: o de moldar sua realidade a partir de escolhas mais conscientes e alinhadas com sua verdadeira essência.

Conforme você avança nessa jornada, perceberá que o autoconhecimento não apenas aprimora sua relação consigo, mas também enriquece suas conexões com os outros. A clareza sobre seus valores, motivações e limites cria uma base sólida para interações mais autênticas e empáticas. Essa autenticidade, por sua vez, reverbera nas suas ações e decisões, consolidando uma vida mais íntegra e significativa.

A busca pelo autoconhecimento é, acima de tudo, um ato de coragem e amor-próprio. É uma caminhada que demanda paciência e dedicação, mas que oferece como recompensa uma existência mais leve e harmoniosa. Ao olhar para dentro, você encontra as chaves para viver de forma mais presente, com um propósito mais claro e uma confiança inabalável no caminho que escolheu trilhar.

Capítulo 3
Inteligência Emocional

A inteligência emocional é a competência que nos permite compreender, gerir e utilizar nossas emoções de maneira consciente e construtiva, atuando como um pilar fundamental para o bem-estar e o sucesso em diversos aspectos da vida. É essa habilidade que transforma as emoções em ferramentas de autodesenvolvimento, permitindo-nos construir relações saudáveis, tomar decisões acertadas e superar desafios com resiliência e confiança. Com ela, tornamo-nos aptos a identificar as nuances dos nossos sentimentos e a interpretar as emoções alheias, criando um terreno fértil para a empatia e a cooperação.

Ao longo da vida, a inteligência emocional se revela como um elemento essencial na jornada de crescimento pessoal, equiparando-se às habilidades técnicas e ao conhecimento intelectual. Ela se apresenta não apenas como um guia para nossas interações diárias, mas também como uma lente através da qual podemos enxergar nossas motivações e responder aos estímulos externos de maneira equilibrada e consciente. Dominar essa competência significa estar preparado para lidar com situações adversas, reagir com serenidade em momentos de crise e transformar conflitos em oportunidades de aprendizado e reconciliação.

Além disso, a prática contínua do autoconhecimento e da gestão emocional nos permite cultivar um senso de propósito e direção em nossas vidas. A inteligência emocional não é apenas um conceito abstrato ou uma ideia teórica, mas uma habilidade prática que nos capacita a navegar com sabedoria pelos desafios e recompensas das relações humanas. Ao desenvolvê-la, ampliamos nossa capacidade de nos conectar com os outros, de alinhar nossos objetivos pessoais aos valores coletivos e de criar um impacto positivo e duradouro em nosso entorno.

Imagine a inteligência emocional como uma orquestra, composta por diferentes instrumentos que, quando tocados em harmonia, produzem uma melodia inspiradora. Cada instrumento representa uma habilidade essencial da inteligência emocional, e o maestro é a nossa consciência, conduzindo cada elemento para criar uma sinfonia de bem-estar.

Os pilares da inteligência emocional:

Autoconhecimento: É o alicerce da inteligência emocional. Assim como um construtor precisa conhecer o terreno antes de erguer uma casa, precisamos conhecer nossas emoções, gatilhos e padrões de comportamento para construir uma vida emocionalmente sólida.

Autocontrole: É a capacidade de regular as próprias emoções, evitando que elas nos dominem. É como um timoneiro que guia o navio em meio à tempestade, mantendo o controle mesmo em situações desafiadoras.

Automotivação: É a força interior que nos impulsiona em direção aos nossos objetivos, mesmo diante de obstáculos. É como um motor que nos move, alimentando nossa persistência e entusiasmo.

Empatia: É a capacidade de se colocar no lugar do outro, compreendendo suas emoções e perspectivas. É como uma ponte que conecta corações, permitindo-nos construir relações mais profundas e significativas.

Habilidades sociais: São as ferramentas que nos permitem interagir com os outros de forma eficaz, construindo relações saudáveis e resolvendo conflitos de forma construtiva. É como um conjunto de ferramentas que nos permite construir pontes, cultivar amizades e fortalecer laços.

Desenvolver a inteligência emocional é como aprender um novo idioma, o idioma das emoções. É aprender a decifrar os sinais que nosso corpo e mente nos enviam, a interpretar as nuances das expressões faciais e a compreender as entrelinhas da comunicação humana.

A inteligência emocional não é um dom inato, mas sim uma habilidade que pode ser aprendida e desenvolvida ao longo da vida. É como um músculo que se fortalece com o exercício e a prática constante.

Ao cultivarmos a inteligência emocional, abrimos um leque de oportunidades para uma vida mais plena e satisfatória. Melhoramos nossos relacionamentos, aumentamos nossa capacidade de lidar com o estresse, tomamos decisões mais conscientes e alcançamos nossos objetivos com maior facilidade.

Ao incorporar a inteligência emocional em nossa vida cotidiana, passamos a vivenciar uma transformação significativa nas relações interpessoais e em nossa conexão com nós mesmos. Essa habilidade nos permite enxergar além das reações imediatas, interpretando as emoções como mensagens valiosas que guiam nossas escolhas e comportamentos. É por meio desse entendimento profundo que nos tornamos mais aptos a criar vínculos genuínos e fortalecer a confiança mútua.

A prática da inteligência emocional também nos ensina a encontrar equilíbrio em meio aos desafios inevitáveis da vida. Reconhecer e acolher nossas emoções, sem ser dominado por elas, transforma situações adversas em experiências de aprendizado. Assim, cada dificuldade enfrentada se torna uma oportunidade de refinar nossas habilidades e nos aproximar de uma versão mais íntegra e resiliente de quem somos.

Mais do que uma habilidade individual, a inteligência emocional é um convite à construção de um mundo mais compassivo e colaborativo. Ao desenvolvermos nossa capacidade de compreender e respeitar as emoções alheias, contribuímos para um ambiente mais harmonioso e acolhedor. É nessa prática diária de empatia, autoconsciência e conexão que encontramos a chave para uma vida mais significativa e realizada.

Capítulo 4
Fisiologia das Emoções

As emoções transcendem o mero domínio da mente, sendo intrinsecamente ligadas ao funcionamento físico do corpo. Cada sensação de alegria, tristeza, raiva ou medo desencadeia respostas fisiológicas mensuráveis, impactando ritmos cardíacos, padrões respiratórios, tensões musculares e até processos químicos no cérebro. Este fenômeno não é apenas um reflexo automático, mas uma interação íntima entre o corpo e a mente, onde cada sistema corporal contribui para a experiência emocional vivida. Ao compreender essa conexão, abrimos caminho para uma gestão mais eficaz das emoções e de seus impactos em nossa saúde e comportamento.

O corpo humano opera como um intrincado sistema de sinais, manifestando emoções através de respostas fisiológicas específicas. Quando confrontado com uma ameaça, por exemplo, o coração acelera e a respiração se torna ofegante, enquanto o corpo prepara uma reação instintiva de defesa ou fuga. A raiva, por outro lado, gera tensão muscular intensa e um aumento perceptível na energia corporal, pronta para ser liberada. Até mesmo estados emocionais mais sutis, como a melancolia ou a calma, deixam sua marca em padrões fisiológicos, revelando uma coreografia corporal única que reflete as emoções em tempo real.

Central para esse processo está o sistema nervoso autônomo, que regula funções involuntárias essenciais e desempenha um papel primordial na resposta emocional. Esse sistema, composto pelos ramos simpático e parassimpático, é como um maestro orquestrando a dinâmica entre excitação e relaxamento. Enquanto o simpático impulsiona o corpo em situações de estresse, promovendo prontidão e vigor, o parassimpático assume o controle nos momentos de tranquilidade, restaurando o equilíbrio e facilitando a recuperação física e emocional. Juntos, esses sistemas criam um cenário complexo em que cada emoção possui uma "assinatura" fisiológica distinta, refletindo a interação harmoniosa ou desafiadora entre corpo e mente.

Compreender a fisiologia das emoções nos permite acessar ferramentas poderosas para regular estados emocionais de maneira consciente. Técnicas como controle da respiração, exercícios de relaxamento muscular e práticas meditativas não apenas acalmam o sistema nervoso, mas também criam um espaço interno para a autorreflexão e a resiliência emocional. Ao nos tornarmos mais atentos à linguagem do corpo, descobrimos caminhos mais claros para enfrentar os desafios emocionais, promovendo saúde, equilíbrio e bem-estar.

Imagine o corpo como um sistema de comunicação interno, utilizando sinais fisiológicos para expressar e regular as emoções. O coração acelera diante de uma ameaça, a respiração se torna superficial em momentos de ansiedade, os músculos se tensionam em resposta à raiva. Esses sinais, muitas vezes sutis, são como sussurros do corpo, revelando a linguagem secreta das emoções.

O sistema nervoso autônomo, responsável por regular as funções involuntárias do corpo, desempenha um papel central na orquestração das respostas fisiológicas às emoções. Ele se divide em dois ramos principais: o sistema nervoso simpático e o sistema nervoso parassimpático.

O sistema nervoso simpático é como um acelerador, preparando o corpo para a ação em situações de estresse ou perigo. Ele aumenta o ritmo cardíaco, a pressão arterial e a frequência respiratória, liberando adrenalina e outros hormônios que nos preparam para lutar ou fugir.

O sistema nervoso parassimpático, por sua vez, atua como um freio, promovendo o relaxamento e a recuperação do corpo. Ele diminui o ritmo cardíaco, a pressão arterial e a frequência respiratória, estimulando a digestão e o repouso.

As emoções, portanto, não são apenas eventos mentais, mas também processos fisiológicos complexos que envolvem a interação entre o cérebro, o sistema nervoso e os órgãos do corpo. Cada emoção possui uma assinatura fisiológica única, um conjunto de respostas corporais que a caracterizam.

A raiva, por exemplo, aumenta a frequência cardíaca, a pressão arterial e a tensão muscular, preparando o corpo para a ação. O medo, por outro lado, pode causar palpitações, sudorese, tremores e dificuldade para respirar, ativando o sistema de "luta ou fuga".

A tristeza, por sua vez, tende a diminuir o ritmo cardíaco e a energia do corpo, levando à fadiga e à apatia. A alegria, em contraste, aumenta a liberação de endorfinas, hormônios que promovem a sensação de prazer e bem-estar.

Compreender a fisiologia das emoções nos permite interpretar os sinais do nosso corpo e intervir de forma mais eficaz na regulação emocional. Podemos utilizar técnicas de respiração, relaxamento e meditação para acalmar o sistema nervoso, reduzir o estresse e promover o equilíbrio emocional.

Ao aprofundarmos nosso entendimento sobre a fisiologia das emoções, reconhecemos o corpo como um aliado indispensável na busca pelo equilíbrio emocional. Esse diálogo interno, traduzido em sinais físicos, nos oferece pistas valiosas para interpretar e manejar nossas respostas diante das situações cotidianas. A consciência desses processos nos capacita a intervir de forma mais assertiva, promovendo uma relação harmoniosa entre mente e corpo.

Praticar a escuta atenta do corpo é um exercício de conexão com nossas necessidades emocionais mais profundas. Cada batida acelerada do coração, cada respiração encurtada ou tensão muscular é uma oportunidade de pausar e compreender o que nosso organismo está tentando comunicar. Essa percepção abre portas para a adoção de estratégias que favoreçam a autorregulação, contribuindo para uma vida emocionalmente mais estável e saudável.

Ao final, compreender a fisiologia das emoções é abraçar a complexidade do ser humano em sua totalidade. É reconhecer que as emoções não existem apenas em nossa mente, mas são vividas em cada célula do nosso corpo. Esse entendimento nos inspira a cultivar práticas que promovam o bem-estar integral, unindo ciência e consciência em uma jornada de autodescoberta e equilíbrio.

Capítulo 5
Pensamentos e Emoções

O funcionamento da mente humana revela um intrincado equilíbrio entre pensamentos e emoções, uma relação que molda profundamente nossas experiências e comportamentos. Os pensamentos, como arquitetos invisíveis, constroem as bases da percepção e determinam o significado que atribuímos aos eventos ao nosso redor. Por sua vez, as emoções atuam como forças motrizes, imbuindo esses pensamentos de intensidade e significado, transformando-os em respostas palpáveis ao ambiente e às circunstâncias que enfrentamos. Essa interação contínua entre o que pensamos e o que sentimos não é apenas inevitável, mas também fundamental para compreender e influenciar os rumos da nossa vida interior.

Entender como os pensamentos se originam e impactam as emoções é essencial para lidar com os desafios da mente. Cada pensamento que ocorre em nossa mente carrega consigo a possibilidade de gerar sentimentos correspondentes, capazes de moldar nosso estado de espírito e nossa atitude frente à vida. Ao reconhecer que esses pensamentos são interpretações — e não verdades absolutas —, torna-se possível assumir um papel mais ativo no direcionamento da nossa energia mental, escolhendo intencionalmente aqueles pensamentos que favoreçam nosso crescimento e bem-estar emocional.

Assim, a consciência desse intrincado mecanismo permite o cultivo de uma mente mais resiliente e equilibrada. Desenvolver habilidades para observar nossos pensamentos sem se apegar a eles ou reagir automaticamente às emoções que despertam é um passo transformador. Com essa prática, somos capazes de reprogramar padrões mentais, interromper ciclos prejudiciais e promover uma vida emocional mais alinhada com nossos objetivos e valores. Isso nos oferece a oportunidade não apenas de compreender melhor o funcionamento da mente, mas também de utilizá-lo como ferramenta poderosa para criar uma realidade mais satisfatória e harmoniosa.

Compreender a interação entre pensamentos e emoções é essencial para desvendar os segredos da mente humana e dominar a arte da gestão emocional. É como ter um mapa que nos guia pelas paisagens complexas do nosso mundo interior, permitindo-nos navegar com mais clareza e consciência pelas diferentes nuances da experiência humana.

Os pensamentos são como sementes que plantamos em nosso jardim mental. Cada pensamento, seja ele positivo ou negativo, tem o poder de gerar frutos em nossas emoções e comportamentos. Pensamentos positivos, como sementes de flores, cultivam emoções agradáveis, como alegria, gratidão e esperança. Pensamentos negativos, como ervas daninhas, geram emoções desagradáveis, como tristeza, raiva e medo.

É importante reconhecer que os pensamentos não são fatos, mas sim interpretações da realidade. Nossa mente, como um filtro, processa as informações do mundo exterior e as molda de acordo com nossas crenças, valores e experiências passadas. Duas pessoas podem observar o mesmo evento e ter interpretações completamente diferentes, gerando emoções e comportamentos distintos.

As emoções, por sua vez, influenciam a maneira como pensamos. Quando estamos alegres, tendemos a ter pensamentos mais positivos e otimistas. Quando estamos tristes ou ansiosos, nossos pensamentos se tornam mais negativos e pessimistas. É como se as emoções fossem lentes que colorem a nossa percepção do mundo, influenciando a forma como interpretamos os acontecimentos.

Essa interação entre pensamentos e emoções cria um ciclo dinâmico. Pensamentos geram emoções, que por sua vez influenciam novos pensamentos, e assim por diante. Esse ciclo pode ser virtuoso, quando cultivamos pensamentos positivos que geram emoções agradáveis, ou vicioso, quando nos deixamos levar por pensamentos negativos que alimentam emoções desagradáveis.

A boa notícia é que podemos aprender a interromper esse ciclo e reprogramar nossa mente para cultivar pensamentos mais positivos e construtivos. Através da auto-observação, podemos identificar os padrões de pensamentos negativos que nos sabotam e substituí-los por pensamentos mais realistas e empoderadores.

A prática constante de observar e redirecionar os próprios pensamentos nos permite estabelecer um novo padrão mental, onde a clareza e a positividade se tornam aliados naturais. Esse processo requer paciência e dedicação, mas os frutos colhidos — uma mente mais serena e equilibrada — justificam o esforço. Assim, cada escolha consciente de nutrir pensamentos construtivos se transforma em um passo para uma vida emocional mais saudável e plena.

Ao desenvolver essa habilidade, nos tornamos agentes ativos na criação de nossas realidades internas, rompendo com ciclos automáticos que perpetuam sofrimento e estagnação. Esse domínio sobre os pensamentos e emoções não apenas promove bem-estar individual, mas também reflete em nossas interações e no impacto que causamos no mundo ao nosso redor.

Por fim, entender e harmonizar a dança entre pensamentos e emoções é mais do que uma prática; é um convite a viver com propósito, autenticidade e leveza. Essa jornada, embora desafiadora, nos revela a força transformadora que reside dentro de cada um de nós, pronta para ser cultivada e manifestada em todos os aspectos da vida.

Capítulo 6
A Linguagem das Emoções

As emoções são expressões universais e profundas que revelam o estado interno do ser humano, ultrapassando barreiras culturais e linguísticas. Elas constituem um sistema sofisticado de comunicação que utiliza sinais físicos, comportamentais e expressivos para transmitir mensagens cruciais sobre nossa condição emocional e nossas interações com o mundo ao redor. Decifrar essa linguagem não é apenas uma habilidade valiosa, mas uma necessidade fundamental para quem busca equilíbrio emocional e compreensão de si mesmo.

Cada emoção é como uma peça única em um quebra-cabeça emocional, carregando um conjunto distinto de sinais e funções. Raiva, medo, tristeza, alegria e amor são exemplos de estados emocionais que possuem padrões específicos de expressão e impacto. Por exemplo, a raiva frequentemente reflete uma percepção de injustiça ou violação de limites, enquanto o medo sinaliza possíveis ameaças e a necessidade de autopreservação. Compreender essas nuances é como aprender o vocabulário de um idioma essencial para a autorregulação emocional.

Ao mergulhar no estudo das emoções, desenvolvemos uma espécie de "dicionário interno" capaz de traduzir e interpretar o que nosso corpo e mente tentam comunicar. Essa capacidade não apenas fortalece a relação com nós mesmos, mas também melhora significativamente nossa comunicação com os outros, permitindo-nos responder de forma equilibrada e consciente às demandas emocionais da vida cotidiana.

Assim como um linguista se dedica a estudar as nuances de um idioma estrangeiro, devemos nos dedicar a compreender as sutilezas da linguagem emocional. Cada emoção possui um vocabulário próprio, expressando-se através de um conjunto único de sinais e sintomas.

A raiva, por exemplo, se manifesta com um aperto no peito, um aumento da temperatura corporal, uma expressão facial tensa e uma voz alterada. O medo se traduz em palpitações, sudorese, tremores e uma necessidade de fuga. A tristeza se expressa através de um aperto no coração, lágrimas, expressão facial cabisbaixa e uma sensação de vazio.

A alegria, por sua vez, se manifesta com um sorriso radiante, olhos brilhantes, uma sensação de leveza e uma energia vibrante. O amor se traduz em um calor no peito, um olhar afetuoso, um desejo de proximidade e uma sensação de conexão profunda.

Cada emoção, como uma palavra em um dicionário, possui um significado próprio, uma função específica e um conjunto de mensagens que nos transmite. A raiva, por exemplo, sinaliza a violação de limites ou a frustração de necessidades. O medo nos alerta sobre perigos e nos impulsiona a buscar segurança. A tristeza nos convida a processar perdas e a nos conectar com nossa vulnerabilidade.

A alegria nos indica que estamos no caminho certo, que estamos vivenciando experiências prazerosas e significativas. O amor nos conecta com o que é mais importante em nossas vidas, nos impulsiona a cuidar e proteger aqueles que amamos.

Compreender a linguagem das emoções é como ter um tradutor interno, que nos permite decifrar as mensagens que nosso corpo e mente nos enviam. É aprender a identificar as nuances de cada emoção, a reconhecer seus sinais e a interpretar seus significados.

Essa habilidade nos permite responder às emoções de forma mais consciente e construtiva. Podemos identificar os gatilhos que desencadeiam emoções desagradáveis, compreender as necessidades que estão por trás delas e desenvolver estratégias eficazes para lidar com elas.

Aprofundar-se na linguagem das emoções é um exercício de autoconhecimento que abre portas para uma vida emocional mais rica e equilibrada. Quando nos tornamos fluentes nesse idioma interno, somos capazes de transformar reações automáticas em respostas conscientes, fortalecendo tanto nossa resiliência quanto a qualidade de nossas relações.

Esse aprendizado nos ensina a acolher cada emoção como uma aliada, em vez de um adversário, e a escutar suas mensagens com atenção e respeito. Assim, a raiva pode se tornar um convite para estabelecer limites saudáveis, o medo pode nos alertar para agir com cautela, e a alegria nos inspira a perseguir aquilo que nos traz sentido e realização.

    Dominar a linguagem emocional é mais do que um caminho para o equilíbrio; é uma arte que nos conecta profundamente ao que significa ser humano. É nessa compreensão que encontramos o poder de navegar com mais clareza pelos desafios da vida, cultivando uma existência alinhada com nossos valores e repleta de autenticidade.

Capítulo 7
Influências Externas

As emoções são moldadas por uma rede intrincada de fatores externos que interagem diretamente com nossos sentidos e percepções. O ambiente em que vivemos, as relações interpessoais que cultivamos e os valores culturais que abraçamos desempenham papéis cruciais na construção de nosso estado emocional. Essa interação contínua revela como nossas respostas emocionais estão profundamente conectadas ao mundo à nossa volta, possibilitando uma compreensão mais clara das forças que impactam nosso bem-estar.

O ambiente físico, com suas características visíveis e sutis, é um dos primeiros influenciadores a impactar nossas emoções. Lugares organizados, bem iluminados e com cores harmoniosas têm o potencial de induzir uma sensação de tranquilidade e equilíbrio emocional. Por outro lado, locais desordenados ou sobrecarregados por ruídos podem intensificar o estresse e prejudicar nossa capacidade de concentração. A maneira como percebemos essas nuances do ambiente reflete diretamente em nossos níveis de conforto e estabilidade emocional.

Além disso, a qualidade das conexões humanas que mantemos é fundamental para equilibrar nossas emoções. Relações saudáveis, que promovem apoio mútuo e trocas genuínas, fortalecem nossa resiliência e elevam nossa autoestima. Em contrapartida, vínculos carregados de tensão e negatividade afetam nossa capacidade de lidar com desafios e podem amplificar sentimentos de insegurança ou tristeza. Reconhecer e priorizar interações que gerem bem-estar é essencial para manter uma perspectiva emocional saudável e proativa.

Os padrões culturais e sociais formam um pano de fundo poderoso para a maneira como interpretamos e expressamos emoções. Valores culturais estabelecem normas que guiam nossa interação com o mundo, criando contextos em que certas emoções são mais aceitas ou reprimidas. Essa dinâmica cultural molda não apenas como reagimos internamente, mas também como nos conectamos com os outros, permitindo um entendimento mais profundo da diversidade emocional que permeia a experiência humana.

O ambiente físico em que nos encontramos exerce um impacto significativo em nossas emoções. Um ambiente tranquilo e harmonioso, com cores suaves, sons relaxantes e aromas agradáveis, tende a promover sensações de calma e bem-estar. Por outro lado, um ambiente caótico, barulhento e poluído pode gerar estresse, ansiedade e irritabilidade.

As cores, por exemplo, possuem uma linguagem própria, capaz de evocar diferentes emoções. Tons de azul e verde transmitem serenidade e tranquilidade, enquanto tons de vermelho e laranja evocam energia e entusiasmo. A iluminação também desempenha um papel importante: a luz natural promove o bem-estar e a vitalidade, enquanto a luz artificial pode causar fadiga e irritabilidade.

Os sons também influenciam nosso estado emocional. A música suave e harmoniosa acalma a mente e reduz o estresse, enquanto o barulho excessivo pode causar irritação e ansiedade. Os aromas também exercem um poder sobre nossas emoções: o cheiro de lavanda promove o relaxamento, enquanto o cheiro de limão estimula a concentração e o foco.

As relações interpessoais são outro fator crucial na formação das nossas emoções. As pessoas com quem convivemos, sejam familiares, amigos, colegas de trabalho ou parceiros amorosos, exercem uma influência poderosa em nosso estado emocional. Relações saudáveis, baseadas em respeito, afeto e reciprocidade, promovem a felicidade, a confiança e o bem-estar.

Por outro lado, relações tóxicas, marcadas por conflitos, manipulação e desrespeito, podem gerar ansiedade, tristeza, raiva e insegurança. É fundamental cultivar relacionamentos positivos e nutritivos, que nos apoiem em nossos desafios e celebrem nossas conquistas.

A cultura em que estamos inseridos também molda nossas emoções. Cada cultura possui normas, valores e crenças que influenciam a forma como expressamos e interpretamos as emoções. Algumas culturas valorizam a expressão aberta das emoções, enquanto outras incentivam a contenção e o controle emocional.

A cultura também influencia a forma como percebemos e interpretamos as emoções dos outros. Em algumas culturas, o contato visual direto é interpretado como um sinal de confiança e respeito, enquanto em outras pode ser visto como um sinal de agressividade ou desafio.

Reconhecer as influências externas sobre nossas emoções nos capacita a assumir um papel mais ativo na busca pelo equilíbrio emocional. Ao ajustar conscientemente nosso ambiente físico, selecionando cores, sons e elementos que promovam bem-estar, criamos espaços que sustentam nossa tranquilidade e energia positiva. Essa atenção ao contexto ao nosso redor é um ato de autocuidado e autoconhecimento.

Nas relações interpessoais, escolher com intenção os vínculos que alimentamos é essencial para nossa saúde emocional. Cercar-se de pessoas que oferecem apoio genuíno e reciprocidade fortalece nossa resiliência frente aos desafios. Da mesma forma, aprender a estabelecer limites saudáveis em situações de tensão nos protege de influências prejudiciais e preserva nosso equilíbrio interno.

Ao entender a profundidade das influências culturais, adquirimos uma perspectiva mais ampla sobre a diversidade emocional humana. Essa compreensão nos convida a ser mais compassivos, tanto com nós mesmos quanto com os outros, reconhecendo que cada expressão emocional é moldada por um vasto cenário de contextos e experiências únicas. Assim, a conexão entre nossas emoções e o mundo externo se torna um caminho para viver de forma mais consciente e harmoniosa.

Capítulo 8
Emoções Positivas

As emoções positivas desempenham um papel essencial na construção de uma vida equilibrada e satisfatória, influenciando diretamente nosso bem-estar físico, mental e emocional. Elas não apenas trazem momentos de alegria e contentamento, mas também fortalecem nossa capacidade de enfrentar desafios com otimismo e determinação. Ao vivenciarmos emoções como amor, gratidão, esperança e alegria, estamos desenvolvendo recursos internos que promovem resiliência e nos capacitam a criar conexões mais profundas com o mundo ao nosso redor. Essas emoções são mais do que meros sentimentos; são ferramentas poderosas que moldam nossa percepção da realidade e nossa capacidade de florescer em meio às adversidades.

A importância de cultivar emoções positivas reside no impacto direto que elas têm sobre nossa saúde emocional e qualidade de vida. Quando priorizamos práticas que promovem sentimentos de felicidade e gratidão, estamos fortalecendo nossos circuitos cerebrais associados ao otimismo e à satisfação. Além disso, emoções positivas ampliam nossa visão de mundo, ajudando-nos a enxergar oportunidades onde antes só víamos dificuldades. Essa ampliação não é apenas teórica; ela se reflete em ações concretas, como a disposição para aprender novas habilidades, construir relacionamentos sólidos e contribuir para a comunidade. É por meio desse ciclo virtuoso que as emoções positivas criam um efeito duradouro em nossa jornada de crescimento pessoal.

Para integrar emoções positivas em nosso cotidiano, é fundamental reconhecê-las como elementos essenciais de nossa existência, e não como meros momentos efêmeros. Práticas simples, como a reflexão diária sobre momentos de gratidão, a busca por conexões autênticas e o engajamento em atividades que nos tragam alegria genuína, tornam-se essenciais. O amor, por exemplo, pode ser nutrido ao dedicarmos tempo de qualidade às pessoas que nos são queridas, enquanto a esperança pode ser fortalecida ao traçarmos metas realistas e celebrarmos cada conquista, por menor que seja. Assim, o cultivo contínuo dessas emoções nos prepara não apenas para desfrutar os momentos bons, mas também para enfrentar os desafios com uma força renovada e uma perspectiva positiva.

A alegria é como uma melodia contagiante que nos convida a dançar pela vida com leveza e entusiasmo. Ela emana de experiências prazerosas, como um encontro com amigos queridos, a realização de um sonho ou a contemplação da beleza da natureza. A alegria nos energiza, amplia nossa perspectiva e nos abre para novas possibilidades.

O amor é a força mais poderosa do universo, um elo invisível que conecta corações e nos impulsiona a cuidar, proteger e nutrir aqueles que amamos. O amor se manifesta em diferentes formas: o amor romântico, o amor familiar, o amor pelos amigos, o amor pelos animais e até mesmo o amor pela humanidade. Ele nos inspira a sermos melhores, a perdoar, a doar e a construir um mundo mais compassivo.

A gratidão é como um bálsamo que cura a alma, acalmando as feridas do passado e abrindo espaço para a apreciação do presente. É a capacidade de reconhecer e valorizar as bênçãos da vida, desde as pequenas alegrias do cotidiano até as grandes conquistas. A gratidão nos conecta com a abundância do universo e nos enche de esperança.

A esperança é a chama que nos guia nos momentos de escuridão, a bússola que nos orienta em direção a um futuro melhor. É a crença de que, mesmo diante de desafios e adversidades, existe uma luz no fim do túnel. A esperança nos fortalece, nos impulsiona a seguir em frente e nos inspira a construir um futuro mais promissor.

Cultivar emoções positivas é como alimentar nossa alma com nutrientes essenciais para o seu crescimento e desenvolvimento. É como criar um escudo protetor contra as adversidades da vida, fortalecendo nossa resiliência e nos impulsionando em direção à felicidade e ao bem-estar.

As emoções positivas são como sementes que, quando cuidadas com atenção, florescem em nosso jardim interno, trazendo beleza e equilíbrio ao nosso cotidiano. Cada ato de cultivar amor, gratidão, esperança ou alegria é um investimento em uma vida mais rica e significativa, capaz de resistir aos ventos das dificuldades. Essa prática nos convida a viver com intencionalidade e conexão genuína com o que realmente importa.

Ao incorporar essas emoções em nossa rotina, criamos uma fundação sólida para a construção de relações mais harmoniosas, projetos mais inspiradores e uma visão mais ampla e acolhedora da vida. Essa mudança não é apenas interna; ela irradia para aqueles ao nosso redor, gerando um ciclo de positividade que transforma não apenas nossas experiências, mas também o ambiente que compartilhamos com os outros.

Por fim, ao reconhecer o poder transformador das emoções positivas, abraçamos a oportunidade de nos tornar arquitetos de nosso próprio bem-estar. É nesse movimento, simples e profundo, que descobrimos a capacidade de viver com plenitude, navegando pela vida com coragem, leveza e um coração aberto às infinitas possibilidades que ela oferece.

Capítulo 9
Emoções Negativas

As emoções negativas são componentes fundamentais da experiência humana e desempenham um papel crucial em nosso desenvolvimento emocional e mental. Em vez de tratá-las como forças perturbadoras que devem ser evitadas a qualquer custo, é essencial reconhecê-las como indicadores legítimos de nossas necessidades, limites e valores mais profundos. Elas não são meras adversidades que cruzam nosso caminho, mas sim mensagens que, quando compreendidas e administradas, podem nos guiar rumo ao autoconhecimento e à transformação pessoal.

Raiva, tristeza, medo e frustração são manifestações naturais que nos ajudam a interpretar e reagir ao mundo ao nosso redor. A raiva, por exemplo, surge como uma resposta direta a situações de injustiça ou desrespeito, oferecendo uma energia intensa que, quando canalizada adequadamente, pode se transformar em força motriz para mudanças significativas. Do mesmo modo, a tristeza não deve ser vista apenas como um peso emocional, mas como uma oportunidade de introspecção, um convite para processar experiências dolorosas e encontrar significado em meio às adversidades.

O medo, frequentemente mal compreendido, é uma ferramenta poderosa de sobrevivência que nos alerta sobre possíveis perigos e nos prepara para agir de forma mais consciente e cuidadosa. Quando equilibrado, ele não nos paralisa, mas nos ensina a enfrentar desafios com discernimento. A frustração, por sua vez, nos chama a repensar estratégias e a cultivar resiliência diante de obstáculos, funcionando como um catalisador para a superação e o aprendizado.

As emoções negativas desempenham um papel imprescindível em nossa jornada de crescimento. Enfrentá-las com acolhimento e curiosidade nos permite não apenas lidar melhor com os desafios, mas também desenvolver um repertório emocional mais rico e adaptável. Por meio dessa abordagem, aprendemos a transformar dificuldades em oportunidades, construindo uma base sólida para o equilíbrio e a realização pessoal.

A raiva é como um fogo que arde em nosso interior, uma energia intensa que nos impulsiona a agir diante de injustiças, violações de limites ou frustrações. Ela pode se manifestar como uma explosão vulcânica, com gritos e agressividade, ou como uma fervura silenciosa, com ressentimento e amargura. A raiva, quando expressa de forma saudável, pode ser uma força motivadora para a mudança e a busca por justiça.

A tristeza é como uma chuva que lava a alma, um mergulho profundo em nossas emoções mais vulneráveis. Ela surge diante de perdas, decepções e frustrações, trazendo consigo uma sensação de vazio e melancolia. A tristeza nos convida a entrar em contato com nossa dor, a processar nossas emoções e a encontrar significado nas experiências difíceis.

O medo é um alarme interno que nos alerta sobre perigos e ameaças, nos impulsionando a buscar segurança e proteção. Ele pode se manifestar como uma ansiedade paralisante, que nos impede de agir, ou como uma adrenalina mobilizadora, que nos prepara para enfrentar os desafios. O medo, quando equilibrado, nos ajuda a sobreviver e a tomar decisões mais conscientes.

A frustração é como um obstáculo que bloqueia nosso caminho, um sentimento de impotência diante de objetivos não alcançados. Ela surge quando nossos planos são frustrados, nossas expectativas não são atendidas ou nossos desejos são bloqueados. A frustração, quando bem administrada, pode nos impulsionar a buscar novas estratégias, a desenvolver nossa persistência e a fortalecer nossa resiliência.

É importante reconhecer que as emoções negativas, assim como as positivas, têm um propósito em nossas vidas. Elas nos fornecem informações valiosas sobre nossas necessidades, nossos limites e nossos valores. Ao invés de tentar suprimi-las ou ignorá-las, devemos acolhê-las, compreendê-las e utilizá-las como ferramentas para o autoconhecimento e o crescimento pessoal.

Aceitar e compreender as emoções negativas nos permite transformá-las em aliados em vez de adversários. Quando aprendemos a ouvi-las com atenção e a reagir de maneira equilibrada, descobrimos que elas nos oferecem pistas valiosas sobre aspectos de nossa vida que precisam de atenção ou ajuste. Esse processo de acolhimento é um passo essencial para o crescimento emocional e a construção de uma relação mais saudável conosco mesmos.

Ao integrar essas emoções à nossa narrativa pessoal, reconhecemos sua contribuição na formação de nosso caráter e resiliência. A raiva pode nos ensinar sobre limites, a tristeza nos conecta à profundidade de nossas experiências, o medo nos guia em direção à cautela e a frustração nos incentiva a inovar e persistir. Em cada uma delas, há uma oportunidade única de aprendizado e transformação.

O equilíbrio entre aceitar as emoções negativas e cultivar as positivas é o que nos conduz a uma vida mais autêntica e plena. Essa jornada de autoconhecimento nos prepara para navegar as marés emocionais com coragem e sabedoria, transformando dificuldades em força e incertezas em clareza. Assim, cada emoção, por mais desafiadora que seja, torna-se uma parte essencial da história de quem somos e de quem podemos nos tornar.

Capítulo 10
Resiliência Emocional

Resiliência emocional é uma habilidade essencial para navegar pelos altos e baixos da vida, sustentada por uma capacidade interna de superar desafios, lidar com adversidades e encontrar aprendizado em cada experiência difícil. Trata-se de uma característica que permite não apenas resistir às tempestades, mas também crescer por meio delas, transformando momentos de dor e incerteza em oportunidades de evolução. Esse processo envolve uma combinação de autoconhecimento, flexibilidade e um senso de propósito, que funcionam como os alicerces de uma fortaleza interna, projetada para enfrentar os impactos inevitáveis do cotidiano com equilíbrio e determinação.

Em essência, resiliência emocional é a arte de permanecer firme diante das adversidades, sem negar a vulnerabilidade que faz parte da experiência humana. Trata-se de reconhecer as emoções que surgem em tempos difíceis, mas usá-las como combustível para construir novas perspectivas e soluções criativas. Essa força interior não é algo inato, mas uma habilidade desenvolvida com prática, autocompaixão e um compromisso contínuo em cultivar pensamentos positivos, fortalecer conexões sociais e investir em estratégias que promovam o bem-estar.

Com a resiliência, cada dificuldade se transforma em uma oportunidade de refinar nossas capacidades emocionais e nos preparar para os desafios futuros. É um processo que nos convida a crescer a partir das nossas experiências, reconstruindo continuamente nosso entendimento sobre nós mesmos e o mundo ao nosso redor.

Resiliência emocional é a capacidade de se adaptar e superar adversidades, transformando experiências difíceis em oportunidades de crescimento e aprendizado. É como uma mola que se comprime sob pressão, mas retorna à sua forma original com mais força e flexibilidade.

Pessoas resilientes não são imunes ao sofrimento, mas possuem uma capacidade extraordinária de lidar com as dificuldades, encontrar significado nas crises e seguir em frente com coragem e esperança. Elas encaram os desafios como oportunidades para se fortalecerem, aprenderem e evoluírem.

Desenvolver a resiliência emocional é como construir uma fortaleza interior, capaz de resistir aos ataques do destino. É como se equipar com uma armadura que nos protege das flechas do sofrimento, permitindo-nos manter o equilíbrio e a serenidade mesmo em meio às tempestades.

Alguns pilares da resiliência emocional:

Autoconhecimento: Compreender as próprias emoções, limites e forças é essencial para navegar pelas dificuldades com mais clareza e consciência.

Autocontrole: Regular as emoções, evitando que elas nos dominem, nos permite agir com mais racionalidade e eficácia diante dos desafios.

Otimismo: Manter uma perspectiva positiva, acreditando na possibilidade de superação e focado nas soluções, nos impulsiona a seguir em frente.

Flexibilidade: Adaptar-se às mudanças, reavaliando planos e buscando alternativas, nos permite contornar os obstáculos com mais criatividade.

Suporte social: Cultivar relacionamentos saudáveis, buscando apoio em amigos, familiares ou profissionais, nos fortalece nos momentos difíceis.

Propósito de vida: Ter objetivos claros e um senso de propósito nos dá direção e motivação para superar as adversidades.

A resiliência emocional não é um traço inato, mas sim uma habilidade que pode ser desenvolvida e fortalecida ao longo da vida. É como um músculo que se fortalece com o exercício constante, com a prática da autocompaixão, do perdão, da gratidão e do cultivo de pensamentos positivos.

Resiliência emocional é a arte de acolher a impermanência da vida, transformando dificuldades em passos para o amadurecimento e a plenitude. Quando aceitamos os desafios como oportunidades para expandir nossa compreensão e fortalecer nossos recursos internos, criamos uma base sólida para navegar as incertezas com coragem e equilíbrio. Esse processo não elimina o sofrimento, mas o ressignifica, transformando-o em aprendizado e renovação.

Ao desenvolver essa habilidade, nos aproximamos de uma versão mais autêntica de nós mesmos, aprendendo a equilibrar vulnerabilidade e força. Cada experiência desafiadora deixa marcas que, quando integradas com sabedoria, enriquecem nossa capacidade de enfrentar os altos e baixos da jornada. Assim, a resiliência não é apenas uma defesa contra as adversidades, mas uma ponte para o crescimento pessoal e a conexão com o que realmente importa.

A resiliência emocional nos convida a caminhar pela vida com um coração mais aberto e uma mente mais flexível, sempre prontos para aprender, crescer e reinventar. Nesse movimento constante, encontramos não apenas formas de sobreviver, mas de florescer, mesmo nas condições mais adversas, construindo um legado de força e esperança para nós e para aqueles ao nosso redor.

Capítulo 11
Auto-observação

A prática da auto-observação é um processo que exige a mesma atenção e rigor que um cientista aplica ao observar um experimento em laboratório. Aqui, no entanto, o laboratório é a própria mente e o objeto de estudo são os pensamentos, emoções e sensações que surgem de forma incessante em nossa experiência interna. Este exercício é o ponto de partida essencial para quem deseja assumir o controle de sua vida emocional, tornando-se mais consciente e apto a lidar com os desafios diários.

Ao iluminarmos os aspectos internos de nossa existência por meio da auto-observação, começamos a enxergar com clareza os padrões que antes passavam despercebidos. Essas dinâmicas internas incluem os pensamentos recorrentes, os gatilhos que desencadeiam reações emocionais e as respostas automáticas que frequentemente nos colocam em ciclos de autossabotagem. Mais do que simples conscientização, esta prática nos transforma em exploradores atentos de nossa mente, aptos a mapear as intricadas conexões entre estímulos externos e respostas internas.

Desenvolver a habilidade de observar sem julgamentos é como fortalecer um músculo mental. No início, pode parecer difícil manter o foco, pois nossa atenção frequentemente se dispersa entre os inúmeros pensamentos e emoções que surgem. Contudo, com dedicação e prática, essa habilidade se torna uma ferramenta poderosa para compreender e transformar nossa relação com o mundo interno. Cada emoção e pensamento ganha um espaço para ser reconhecido e analisado, sem a pressão de ser controlado ou reprimido.

A auto-observação cria, assim, uma pausa entre o que nos acontece e como escolhemos reagir. Essa pausa, por menor que pareça, é onde reside nossa liberdade e possibilidade de mudança. É nesse intervalo que temos a chance de substituir respostas impulsivas por ações conscientes, interrompendo ciclos prejudiciais e cultivando um estado emocional mais equilibrado e funcional.

A auto-observação é como acender uma luz na paisagem interna, revelando os contornos do nosso mundo emocional. É como se tornar um explorador da própria mente, mapeando os territórios desconhecidos das nossas emoções, pensamentos e comportamentos. Através da auto-observação, podemos identificar os padrões que se repetem, os gatilhos que desencadeiam certas emoções e as reações automáticas que nos sabotam.

Desenvolver a auto-observação é como treinar um músculo da atenção, aprendendo a direcionar o foco para dentro, para o fluxo constante da nossa experiência interna. É como se tornar um observador silencioso dos próprios pensamentos, emoções e sensações, sem julgamentos ou críticas.

No início, a mente pode parecer um macaco inquieto, pulando de galho em galho, de pensamento em pensamento, de emoção em emoção. Mas com a prática constante, a mente começa a se acalmar, e a observação se torna mais clara e precisa.

Podemos observar nossas emoções como um cientista observa um fenômeno natural, sem se envolver ou tentar controlá-lo. Podemos perceber as sensações físicas que acompanham cada emoção: o aperto no peito da ansiedade, o calor no rosto da raiva, a lágrima que escorre na tristeza.

Podemos observar nossos pensamentos como nuvens que passam pelo céu da nossa mente, sem nos identificar com eles ou nos deixar levar por eles. Podemos perceber os pensamentos negativos que nos limitam, os pensamentos repetitivos que nos prendem ao passado e os pensamentos ansiosos que nos projetam para o futuro.

A auto-observação nos permite criar um espaço entre o estímulo e a reação, entre o pensamento e a emoção, entre a emoção e o comportamento. Esse espaço de consciência nos dá a oportunidade de escolher como responder aos desafios, ao invés de reagir automaticamente.

A prática da auto-observação nos convida a um mergulho profundo em nossa essência, iluminando aquilo que antes permanecia oculto nas sombras de nossa consciência. É nesse processo de trazer à luz os padrões internos que encontramos o poder de transformação, rompendo ciclos automáticos e criando espaço para escolhas mais alinhadas com nossos valores e aspirações.

Com o tempo, essa habilidade se torna uma bússola interna, orientando-nos a responder aos desafios com equilíbrio e clareza. O que antes era um turbilhão de emoções e pensamentos desordenados transforma-se em um fluxo compreensível, onde cada elemento é reconhecido como parte de um todo mais amplo e coerente. Esse olhar atento nos aproxima de uma existência mais consciente e intencional.

Por fim, a auto-observação não é apenas uma prática, mas um caminho para a liberdade interior. É nela que descobrimos a força de viver com presença, de acolher nossas experiências sem julgamentos e de agir com sabedoria diante das circunstâncias. Assim, cultivamos uma relação mais profunda e harmoniosa com nossa própria mente, abrindo caminho para um viver mais autêntico e pleno.

Capítulo 12
Mindfulness

O alpinista escala a montanha com foco absoluto em cada passo, cada movimento e cada respiração. Sua atenção repousa inteiramente no momento presente, livre de distrações com os ecos do passado ou preocupações sobre o futuro. Este estado de concentração e presença reflete a essência do mindfulness, uma prática milenar que nos ensina a cultivar a atenção plena e a conexão com o aqui e agora. Mindfulness não é apenas um conceito, mas uma habilidade que nos capacita a viver com maior consciência, explorando com clareza o fluxo contínuo de pensamentos, emoções e sensações que compõem nossa experiência humana.

Desenvolver mindfulness é como abrir uma janela para nossa realidade interna, permitindo que sejamos observadores atentos e compassivos do que se passa dentro de nós. No ritmo acelerado da vida moderna, muitas vezes somos levados por um redemoinho de pensamentos sobre o passado ou especulações ansiosas sobre o futuro, afastando-nos do presente. A prática da atenção plena nos convida a pausar, redirecionar o foco e nos reconectarmos com o momento presente. Esse retorno à experiência imediata da vida promove uma relação mais harmoniosa com nós mesmos e com o mundo ao nosso redor.

Com a prática regular, mindfulness se torna uma ferramenta poderosa para treinar a mente, ajudando-nos a abandonar padrões automáticos de distração e julgamento. Ao caminhar, podemos trazer a atenção para cada movimento do corpo e a sensação dos pés tocando o solo. Durante uma refeição, é possível saborear plenamente cada mordida, explorando texturas, sabores e aromas com curiosidade e gratidão. Mesmo em interações cotidianas, mindfulness nos convida a escutar com atenção genuína, criando conexões mais profundas e significativas. Essa prática nos capacita a viver com mais presença, clareza e equilíbrio, valorizando a riqueza de cada instante.

Mindfulness é a capacidade de estar presente de corpo e mente no momento presente, sem julgamentos. É como se abríssemos uma janela para a nossa experiência interna, observando o fluxo constante de pensamentos, emoções e sensações sem nos identificar com eles. É como se tornássemos um observador curioso e compassivo da nossa própria experiência.

Na correria do dia a dia, é comum nos perdermos em pensamentos sobre o passado ou preocupações com o futuro. A mente se torna um turbilhão de pensamentos, e nos desconectamos do presente, do aqui e agora. O mindfulness nos convida a retornar para o momento presente, para a experiência direta da vida em sua plenitude.

Praticar mindfulness é como treinar a mente a se concentrar no presente, como um holofote que ilumina o aqui e agora. É como se cultivássemos uma atenção seletiva, escolhendo onde direcionar o foco da nossa consciência.

Podemos praticar mindfulness em qualquer momento do dia, em qualquer atividade. Ao caminhar, podemos prestar atenção em cada passo, em cada movimento do corpo, nas sensações dos pés tocando o chão. Ao comer, podemos saborear cada mordida, percebendo as texturas, os sabores e os aromas dos alimentos. Ao conversar com alguém, podemos escutar com atenção plena, sem interrupções ou distrações.

O mindfulness nos ajuda a desenvolver a autoconsciência, a reconhecer nossas emoções no momento presente, sem julgamentos ou reações impulsivas. Nos permite observar os pensamentos que surgem em nossa mente, sem nos deixar levar por eles. Nos ajuda a cultivar a aceitação do momento presente, sem resistência ou apego.

Praticar mindfulness é como descer as camadas de nossa experiência até chegar ao cerne do que significa estar vivo. Cada momento se torna uma oportunidade de redescobrir a simplicidade e a profundidade de estar presente, seja em uma tarefa cotidiana ou em um instante de contemplação. Esse estado de atenção nos revela a riqueza escondida nos detalhes que antes passavam despercebidos, transformando a vida em uma experiência mais vibrante e autêntica.

Ao cultivar a atenção plena, treinamos a mente para responder ao invés de reagir, criando espaço para escolhas mais conscientes e alinhadas com nossos valores. Esse processo de conexão com o presente não apenas reduz a ansiedade e o estresse, mas também nos fortalece emocionalmente, promovendo equilíbrio em meio às complexidades do dia a dia.

Mindfulness é, em última análise, um convite para vivermos com mais presença e intenção. Através dessa prática, aprendemos a nos relacionar com nossos pensamentos e emoções de maneira mais compassiva, integrando corpo, mente e espírito em harmonia. Assim, cada momento do presente se torna um ponto de partida para a transformação e o florescimento de uma vida mais plena.

Capítulo 13
Respiração Consciente

A respiração é a base da nossa existência, um processo vital que conecta corpo e mente de maneira inseparável. Mais do que um ato automático, ela é um elo direto com nosso estado interno, oferecendo a oportunidade de influenciar profundamente o equilíbrio emocional e o bem-estar físico. Reconhecer a respiração como uma aliada poderosa é o primeiro passo para transformar sua prática cotidiana em uma ferramenta de autocuidado.

Ao direcionarmos nossa atenção para a respiração consciente, estabelecemos uma conexão profunda com o presente, permitindo que cada inspiração e expiração nos guie para um estado de calma e clareza. Essa prática não é apenas um exercício de atenção, mas um recurso eficaz para controlar o ritmo da vida interior, especialmente em momentos de desafio emocional ou mental. Compreender essa dimensão nos permite adotar a respiração consciente como um instrumento prático e acessível para renovar energia, reduzir tensões e alcançar um estado mais equilibrado de ser.

Dessa forma, a respiração consciente se apresenta não apenas como um simples ajuste no ritmo natural, mas como um verdadeiro recurso terapêutico, capaz de reconfigurar nossos estados internos e nos reconectar com o agora. Ao trazermos a respiração para o centro da nossa consciência, ela se torna uma âncora em meio ao caos, um lembrete de que, mesmo nas situações mais desafiadoras, temos a capacidade de retornar à harmonia.

A respiração consciente é como afinar um instrumento musical, ajustando o ritmo e a intensidade para criar uma melodia harmoniosa. É prestar atenção ao fluxo do ar que entra e sai dos pulmões, observando as sensações do corpo a cada inspiração e expiração. É como se voltássemos o olhar para dentro, sintonizando a nossa atenção na melodia sutil da respiração.

Em momentos de estresse, ansiedade ou raiva, a respiração tende a se tornar rápida e superficial, como um mar agitado por ventos fortes. Essa alteração no ritmo respiratório envia sinais ao cérebro, ativando o sistema nervoso simpático e desencadeando uma série de reações fisiológicas, como aumento do ritmo cardíaco, tensão muscular e liberação de hormônios do estresse.

Ao praticarmos a respiração consciente, podemos interromper esse ciclo e acalmar a tempestade interior. Respirar profundamente, de forma lenta e ritmada, envia sinais ao cérebro que ativam o sistema nervoso parassimpático, responsável pelo relaxamento e pela recuperação do corpo.

A respiração consciente é como um botão de reset para o nosso sistema nervoso, ajudando a regular as emoções, reduzir o estresse e promover o equilíbrio interior. É uma técnica simples e eficaz, que pode ser praticada em qualquer lugar e a qualquer momento.

Existem diversas técnicas de respiração consciente, cada uma com seus benefícios específicos. A respiração diafragmática, por exemplo, consiste em respirar profundamente, utilizando o diafragma para expandir o abdômen a cada inspiração. Essa técnica ajuda a acalmar o sistema nervoso, reduzir a ansiedade e promover o relaxamento.

A respiração alternada, por sua vez, consiste em inspirar por uma narina e expirar pela outra, alternando as narinas a cada respiração. Essa técnica ajuda a equilibrar os hemisférios cerebrais, promovendo a concentração e a clareza mental.

A respiração quadrada, também conhecida como respiração 4x4, consiste em inspirar contando até quatro, prender a respiração contando até quatro, expirar contando até quatro e prender a respiração novamente contando até quatro. Essa técnica ajuda a acalmar a mente, reduzir a ansiedade e promover o foco.

A prática da respiração consciente nos lembra que o poder de transformação está ao alcance de cada inspiração. Cada técnica, seja a respiração diafragmática, alternada ou quadrada, oferece uma chave para acessar estados de maior equilíbrio e presença, adaptando-se às necessidades do momento. Essas práticas não apenas acalmam o corpo, mas também nos conectam com uma serenidade interna que muitas vezes esquecemos em meio ao ritmo acelerado da vida.

Ao nos ancorarmos na respiração, aprendemos a observar nossos pensamentos e emoções sem sermos arrastados por eles. Essa habilidade nos dá uma sensação de controle e tranquilidade, mesmo diante de circunstâncias desafiadoras. A respiração consciente se torna, então, um fio condutor que nos leva de volta ao presente, promovendo clareza e renovação em momentos de caos.

Transformar a respiração em uma prática intencional é uma porta para uma vida mais plena e consciente. Em cada ciclo respiratório, encontramos não apenas uma ferramenta de autocuidado, mas também um lembrete poderoso de que, mesmo em tempos de adversidade, sempre podemos encontrar equilíbrio e força dentro de nós mesmos.

Capítulo 14
Relaxamento

O relaxamento representa uma necessidade fundamental para o bem-estar humano, sendo mais do que uma simples pausa na correria cotidiana. Ele é um estado essencial que permite a restauração do corpo e da mente, aliviando os impactos do estresse e das tensões acumuladas. Vivemos em um contexto onde o ritmo acelerado das atividades e a constante demanda por atenção minam nossas energias, tornando indispensável o cultivo de momentos de calma. Nesses instantes, o organismo retoma seu equilíbrio natural, criando um terreno fértil para a renovação e a resiliência frente aos desafios diários.

Ao alcançar o relaxamento, experimentamos mudanças significativas em nosso organismo. A respiração se torna mais fluida e controlada, os batimentos cardíacos desaceleram, e os músculos entram em um estado de alívio que favorece a regeneração física. Esses efeitos fisiológicos se traduzem em um bem-estar profundo, funcionando como uma ponte que nos conecta a um estado de serenidade interna. Essa prática não apenas promove saúde, mas também nos prepara para enfrentar a vida com mais clareza e disposição, reduzindo a ansiedade e potencializando o equilíbrio emocional.

Incorporar o relaxamento à rotina não é um ato supérfluo, mas uma forma eficaz de manutenção da saúde. Existem diversas abordagens que podem ser adaptadas às necessidades de cada indivíduo. Técnicas corporais, como o relaxamento muscular progressivo, permitem que identifiquemos e liberemos áreas de tensão acumulada no corpo. Por outro lado, práticas mentais, como a meditação e a visualização criativa, promovem a calma interior e cultivam uma percepção mais consciente do momento presente. Ao reservar um tempo para essas práticas, estamos investindo em um espaço mental de tranquilidade que nos ajuda a enfrentar os desafios com mais equilíbrio e clareza.

O relaxamento é um estado de redução da tensão física e mental, um repouso profundo que permite ao corpo e à mente se recuperarem do desgaste do dia a dia. É como se desligássemos o "modo faça" e entrássemos no "modo ser", permitindo-nos simplesmente existir, sem pressões ou preocupações.

Quando estamos relaxados, o ritmo cardíaco diminui, a respiração se torna mais profunda e lenta, os músculos se descontraem e a mente se acalma. É como se uma onda de tranquilidade se espalhasse pelo corpo, aliviando as tensões e promovendo uma sensação de bem-estar.

Existem diversas técnicas de relaxamento, cada uma com seus benefícios específicos. Algumas técnicas se concentram no corpo, como o relaxamento muscular progressivo, que consiste em tensionar e relaxar grupos musculares sequencialmente, promovendo a consciência corporal e o alívio das tensões físicas.

Outras técnicas se concentram na mente, como a meditação, que consiste em acalmar a mente e se concentrar no momento presente, cultivando a atenção plena e a serenidade interior. A visualização criativa também é uma técnica poderosa, que consiste em usar a imaginação para criar cenários relaxantes e tranquilos, transportando a mente para um lugar de paz e harmonia.

O relaxamento é mais do que uma prática ocasional; é um convite a recuperar o equilíbrio natural do corpo e da mente em meio às demandas da vida moderna. Cada técnica, seja física ou mental, nos ensina que o descanso não é passividade, mas uma atividade vital que nutre nossa energia e fortalece nossa resiliência. Incorporá-lo à rotina é um ato de cuidado essencial que transforma não apenas momentos de tensão, mas toda a nossa relação com o cotidiano.

Quando permitimos que o relaxamento faça parte de nossas vidas, abrimos espaço para a renovação, a criatividade e a clareza mental. O simples ato de desacelerar, de respirar profundamente e de se reconectar com o momento presente nos devolve uma sensação de controle e serenidade. É nesse estado de calma que encontramos a força para enfrentar os desafios com mais equilíbrio e discernimento.

Ao abraçar o relaxamento como uma prática intencional e regular, criamos um refúgio interno onde podemos nos renovar e fortalecer. Essa escolha consciente nos capacita a viver de maneira mais plena e harmônica, lembrando-nos de que o cuidado com nós mesmos é o alicerce para uma vida de saúde e bem-estar.

Capítulo 15
Meditação

A meditação é como um encontro profundo com o seu próprio ser, um espaço onde o ritmo frenético do mundo cede lugar ao silêncio transformador da introspecção. Assim como um lago de águas cristalinas reflete o céu e as montanhas que o cercam, a prática meditativa oferece um espelho para a mente, permitindo que vejamos com clareza e serenidade o que se passa dentro de nós. Nesse estado de quietude, acessamos uma tranquilidade que transcende os ruídos externos e nos conecta à nossa essência mais pura, promovendo equilíbrio emocional e clareza mental.

Ao mergulhar na prática meditativa, cultivamos a habilidade de observar os pensamentos e sentimentos sem nos deixar arrastar por eles, como se fôssemos testemunhas de nuvens passageiras no céu da mente. Essa prática nos proporciona uma pausa intencional do fluxo incessante de estímulos e preocupações, criando um espaço seguro para explorar a profundidade da consciência. Aqui, a mente inquieta encontra descanso e o corpo responde com uma sensação de leveza e renovação, como se um peso invisível fosse retirado gradativamente.

A meditação também atua como uma ferramenta poderosa para romper com padrões automáticos de pensamento e comportamento. Ao voltar o foco para algo simples e constante, como a respiração ou um mantra, nos ancoramos no momento presente, desarmando o "piloto automático" que tantas vezes guia nossas ações. Essa prática contínua nos ensina a abraçar o agora, encontrando beleza e significado nas pequenas coisas e nos libertando da prisão de ansiedades passadas ou futuras.

Por meio da prática consistente, a meditação se torna mais do que um exercício; transforma-se em um estilo de vida, uma forma de estar no mundo com presença e propósito. As técnicas podem variar, mas o objetivo comum é o mesmo: cultivar um estado de paz interior que impacta positivamente todas as áreas da vida. Ao integrar a meditação no cotidiano, abrimos as portas para um caminho de autoconhecimento, cura e expansão da consciência.

A meditação é uma prática que consiste em acalmar a mente, concentrando a atenção em um único ponto, como a respiração, um mantra ou uma imagem. Ao silenciar o diálogo interno e se desconectar dos estímulos externos, criamos um espaço de paz e tranquilidade interior, onde podemos observar os pensamentos e emoções sem julgamentos ou reações impulsivas.

É como se desligássemos o "piloto automático" da mente, que nos mantém presos a padrões de pensamento repetitivos e reações condicionadas. Ao meditar, nos tornamos mais conscientes do fluxo constante de pensamentos e emoções que passam pela nossa mente, sem nos deixar levar por eles. É como se observássemos as nuvens passando pelo céu, sem nos apegarmos a nenhuma delas.

A meditação não se trata de esvaziar a mente completamente, mas sim de cultivar uma atenção plena e uma observação imparcial dos pensamentos e emoções que surgem. É como se criássemos um espaço de consciência, onde podemos observar o funcionamento da mente sem nos identificarmos com ela.

Existem diversas técnicas de meditação, cada uma com seus benefícios e abordagens específicas. A meditação Vipassanā, por exemplo, consiste em observar a respiração e as sensações corporais com atenção plena, cultivando a consciência do momento presente. A meditação Samatha-vipassanā combina a concentração na respiração com a observação dos pensamentos e emoções, promovendo a calma mental e a compreensão da natureza da mente.

A meditação transcendental, por sua vez, utiliza mantras para acalmar a mente e induzir um estado de relaxamento profundo. A meditação caminhada consiste em caminhar em silêncio, prestando atenção em cada passo e em cada movimento do corpo, cultivando a consciência corporal e a presença no momento presente.

Independentemente da técnica escolhida, a prática regular da meditação traz inúmeros benefícios para a saúde física, mental e emocional. A meditação reduz o estresse, a ansiedade e a depressão, melhora a concentração e a memória, fortalece o sistema imunológico e promove o bem-estar geral.

A meditação é um convite constante para retornar à essência do momento presente, onde a mente encontra repouso e a vida revela sua simplicidade. Cada técnica, seja focada na respiração, em um mantra ou no corpo em movimento, nos guia para um estado de presença que transcende as preocupações do dia a dia. Nesse espaço de quietude, somos capazes de reequilibrar nossa energia e cultivar um senso renovado de clareza e propósito.

Praticar meditação regularmente transforma nossa relação com os pensamentos e emoções, permitindo que nos tornemos observadores mais compassivos de nós mesmos. Com o tempo, essa prática se reflete em nossa vida cotidiana, fortalecendo nossa capacidade de enfrentar os desafios com calma e resiliência. Não é apenas um momento de introspecção, mas uma forma de alinhar corpo, mente e espírito em harmonia.

Ao incorporar a meditação em nossa rotina, abrimos um caminho de autodescoberta e renovação, onde cada instante se torna uma oportunidade para florescer. Essa jornada nos conecta não apenas com a paz interior, mas também com a força e a sabedoria necessárias para viver com mais presença, equilíbrio e autenticidade.

Capítulo 16
Comunicação Não-Violenta

A Comunicação Não-Violenta (CNV) é uma abordagem prática e transformadora que permite às pessoas expressarem suas necessidades e sentimentos com clareza e respeito, ao mesmo tempo em que se abrem para compreender genuinamente as perspectivas alheias. Este modelo de interação humana vai além do simples diálogo: ele promove conexões mais profundas, oferecendo um caminho eficaz para resolver conflitos e construir relacionamentos saudáveis baseados na empatia e na cooperação. Fundada nos princípios da escuta ativa e do entendimento mútuo, a CNV cria um ambiente onde cada indivíduo se sente valorizado e compreendido, abrindo espaço para soluções que atendam às necessidades de todos os envolvidos.

Ao longo de sua prática, a CNV demonstra como substituir padrões de comunicação reativos e frequentemente violentos, baseados em julgamentos e críticas, por uma linguagem compassiva que incentiva o diálogo construtivo. Essa transformação exige uma mudança consciente: sair do automatismo de acusações e adotar uma postura que valorize a conexão emocional e o respeito mútuo. Não se trata apenas de evitar conflitos, mas de enfrentar diferenças com uma mentalidade colaborativa, tornando a comunicação um instrumento de harmonia e crescimento.

Com quatro componentes estruturais — observação, sentimentos, necessidades e pedidos — a CNV convida cada pessoa a desenvolver uma percepção mais sensível e assertiva do que comunica e recebe. Essa prática desafia os interlocutores a enxergar os fatos sem distorções emocionais ou julgamentos, a reconhecer as próprias emoções com autenticidade, a identificar as necessidades subjacentes às situações e a articular pedidos objetivos e realizáveis. Ao alinhar esses elementos, a CNV se torna uma ferramenta acessível e eficaz para transformar interações e criar um mundo mais justo e compassivo.

A CNV foi desenvolvida pelo psicólogo Marshall Rosenberg como uma forma de promover a paz e a compreensão mútua em situações de conflito. É uma abordagem que se baseia na observação objetiva dos fatos, na expressão dos sentimentos, na identificação das necessidades e na formulação de pedidos claros e específicos.

A CNV nos convida a abandonar a linguagem da culpa, da crítica e do julgamento, que geram resistência e afastamento, e a adotar uma linguagem mais compassiva e empática, que promove a conexão e o entendimento. É como se trocássemos as armas da violência verbal pelas ferramentas da cooperação e do diálogo construtivo.

Os quatro componentes da CNV:
1. Observação: Descrever a situação de forma objetiva, sem julgamentos ou interpretações. É como se

fizéssemos um relato imparcial dos fatos, como uma câmera que registra a cena sem emitir opiniões.

2. Sentimentos: Expressar os sentimentos que a situação desperta em nós, de forma autêntica e vulnerável. É como se abríssemos o coração e compartilhássemos nossas emoções mais profundas, sem medo de sermos julgados.

3. Necessidades: Identificar as necessidades que estão por trás dos nossos sentimentos. É como se buscássemos a raiz das nossas emoções, compreendendo o que é realmente importante para nós naquela situação.

4. Pedidos: Formular pedidos claros, específicos e viáveis, que possam atender às nossas necessidades. É como se fizéssemos um convite à cooperação, buscando soluções que beneficiem a todos os envolvidos.

A prática da Comunicação Não-Violenta nos convida a um novo paradigma de interação, onde cada conversa se torna uma oportunidade de construir pontes em vez de muros. Ao integrar seus princípios no cotidiano, aprendemos a abordar diferenças com curiosidade e compaixão, substituindo reações impulsivas por respostas conscientes e respeitosas. Esse processo fortalece não apenas nossas relações interpessoais, mas também nossa própria conexão com os sentimentos e valores que orientam nossas escolhas.

Mais do que uma técnica, a CNV é uma filosofia de vida que nos desafia a cultivar empatia em todas as esferas de nossas interações. Ao priorizarmos a escuta genuína e a expressão honesta, criamos um ambiente onde a colaboração floresce naturalmente e os conflitos são vistos como oportunidades para crescimento mútuo. Nesse espaço, a comunicação se torna uma ferramenta poderosa para transformar discordâncias em entendimento e distâncias em conexão.

Adotar a Comunicação Não-Violenta é abraçar a possibilidade de um mundo mais justo e harmonioso, onde cada voz é valorizada e cada necessidade é ouvida. É um chamado à coragem de dialogar com abertura e respeito, reconhecendo que, por meio da empatia, podemos criar relacionamentos mais autênticos e construir um futuro pautado pela cooperação e pela paz.

Capítulo 17
Assertividade

Um equilibrista avança com precisão em sua caminhada sobre a corda bamba, mantendo o controle entre a firmeza e a flexibilidade, sustentado pela confiança sem abrir mão da humildade. Da mesma forma, nas interações humanas, somos capazes de nos posicionar com clareza e respeito, conciliando nossas necessidades e opiniões com as perspectivas e demandas dos outros. Essa habilidade essencial de comunicação, caracterizada pela honestidade e pelo respeito mútuo, é conhecida como assertividade. Por meio dela, é possível fortalecer relações, defender nossos direitos e alcançar metas pessoais e profissionais sem comprometer a integridade ou desrespeitar os outros.

Ser assertivo não se resume apenas a expressar nossas opiniões com clareza, mas também a fazê-lo de maneira equilibrada, sem cair nos extremos da passividade ou da agressividade. Trata-se de encontrar um meio-termo que permita a defesa dos próprios interesses enquanto reconhecemos e respeitamos as limitações e sentimentos alheios. Mais do que uma técnica de comunicação, a assertividade é uma prática que promove interações saudáveis e construtivas, fomentando a confiança mútua e fortalecendo a autoestima de todos os envolvidos.

Ao desenvolver essa habilidade, descobrimos um novo nível de interação interpessoal. Aprendemos a nos comunicar de forma clara e eficaz, evitando mal-entendidos, frustrações ou ressentimentos. Tornamo-nos capazes de dizer "não" sem culpa, apresentar nossas opiniões sem hesitação e receber feedback sem nos sentirmos atacados. Assim, a assertividade se revela como um alicerce para o equilíbrio emocional e para relações mais harmoniosas, permitindo que naveguemos com segurança pelos desafios das conexões humanas.

Ser assertivo é como ser um diplomata em nossas próprias vidas, capaz de negociar as complexas relações interpessoais com habilidade e sabedoria. É expressar nossas necessidades, desejos e opiniões de forma clara e concisa, sem agressividade ou passividade. É defender nossos direitos sem violar os direitos dos outros, buscando soluções que atendam a todos os envolvidos.

A assertividade é um ponto de equilíbrio entre dois extremos: a passividade, que nos leva a silenciar nossas necessidades e nos submeter aos desejos dos outros, e a agressividade, que nos leva a impor nossas vontades sem considerar os sentimentos alheios. O caminho assertivo nos permite navegar entre esses dois polos, expressando nossas verdades com firmeza e respeito, sem medo de desagradar ou de sermos rejeitados.

Desenvolver a assertividade é como aprender uma nova linguagem, a linguagem da autoconfiança e do respeito mútuo. É aprender a dizer "não" sem culpa, a expressar discordâncias sem hostilidade, a fazer pedidos sem exigências e a receber críticas sem se sentir ameaçado.

Alguns princípios da assertividade:

Autoconhecimento: Reconhecer nossas próprias necessidades, valores e limites é fundamental para nos posicionarmos com clareza e autenticidade.

Respeito próprio: Valorizar nossas opiniões e sentimentos, reconhecendo que temos o direito de expressá-los sem medo de sermos julgados.

Empatia: Considerar as perspectivas e necessidades dos outros, buscando soluções que sejam mutuamente benéficas.

Comunicação clara e direta: Expressar nossas necessidades e opiniões de forma objetiva e concisa, sem rodeios ou ambiguidades.

Linguagem corporal congruente: Manter uma postura ereta, contato visual direto e um tom de voz firme e calmo, transmitindo confiança e segurança.

A assertividade é mais do que uma habilidade comunicativa; é um reflexo da harmonia entre autoconfiança e respeito ao próximo. Ao praticá-la, cultivamos uma postura que nos permite expressar nossas necessidades sem ignorar as emoções e os direitos daqueles ao nosso redor. Essa abordagem, baseada no equilíbrio, promove interações mais transparentes, fortalecendo vínculos e criando um espaço onde o diálogo se torna ferramenta de entendimento e crescimento mútuo.

Quando incorporamos a assertividade em nossas vidas, nos libertamos do peso de reações automáticas, sejam elas de submissão ou confronto. Aprendemos a navegar situações difíceis com clareza e propósito, mantendo o foco no que realmente importa: a autenticidade de nossas ações e o impacto positivo de nossas palavras. Nesse processo, não apenas aprimoramos nossas relações interpessoais, mas também fortalecemos nossa autoestima e confiança em nossa capacidade de lidar com desafios.

Ser assertivo é um convite à autenticidade consciente, onde a comunicação reflete quem somos, ao mesmo tempo em que respeita a essência dos outros. Essa prática nos ensina que, ao nos posicionarmos com firmeza e gentileza, criamos um ambiente de confiança e respeito mútuo, essencial para construir relações saudáveis e enfrentar as complexidades da vida com equilíbrio e integridade.

Capítulo 18
Gerenciando o Estresse

Manter o equilíbrio em meio às demandas e desafios da vida moderna é uma habilidade essencial que pode ser desenvolvida com práticas consistentes e eficazes. Assim como um equilibrista atravessa uma corda bamba com concentração e preparo, é possível enfrentar pressões externas e internas ao gerenciar o estresse de maneira consciente e estratégica. Esse gerenciamento não apenas preserva o bem-estar físico e mental, mas também potencializa a capacidade de lidar com situações adversas, transformando desafios em oportunidades de crescimento.

O estresse é uma resposta biológica natural e, em doses moderadas, pode funcionar como um motivador que impulsiona ações e soluções criativas. Contudo, quando se prolonga ou atinge níveis intensos, ele se torna um fator de risco, comprometendo a saúde de maneira ampla. Seu impacto pode ser sentido no sistema imunológico, cardiovascular e digestivo, além de afetar a qualidade do sono e a estabilidade emocional. Por isso, aprender a controlar e redirecionar as manifestações do estresse é indispensável para manter uma vida equilibrada.

Ao adotar estratégias direcionadas para identificar gatilhos, cultivar hábitos saudáveis e organizar prioridades, é possível reduzir significativamente os efeitos negativos do estresse. Isso envolve práticas simples, mas transformadoras, como a implementação de rotinas que valorizam o autocuidado, a utilização de técnicas de relaxamento e o fortalecimento das conexões interpessoais. Dessa forma, o gerenciamento do estresse deixa de ser uma resposta ocasional e torna-se uma competência diária, essencial para uma vida mais plena e satisfatória.

O estresse é uma reação natural do organismo a situações desafiadoras ou ameaçadoras. É como um alarme interno que nos coloca em estado de alerta, preparando-nos para enfrentar os perigos ou fugir deles. Em pequenas doses, o estresse pode ser benéfico, motivando-nos a agir e a superar os obstáculos. No entanto, quando o estresse se torna crônico e intenso, pode ter consequências negativas para a nossa saúde, comprometendo o sistema imunológico, aumentando o risco de doenças cardiovasculares, causando problemas digestivos, insônia e uma série de outros problemas.

Gerenciar o estresse é como domar um cavalo selvagem, aprendendo a controlar sua energia e direcioná-la para fins construtivos. É como ser um jardineiro que cuida do seu jardim interior, cultivando hábitos saudáveis e eliminando as ervas daninhas do estresse.

Algumas estratégias eficazes para gerenciar o estresse:

Identificar os gatilhos do estresse: Reconhecer as situações, pessoas ou pensamentos que desencadeiam o estresse é o primeiro passo para controlá-lo. É como mapear os pontos fracos do nosso "escudo antiestresse", para que possamos reforçá-los.

Desenvolver hábitos saudáveis: Uma alimentação equilibrada, a prática regular de exercícios físicos, o sono adequado e as técnicas de relaxamento, como a meditação e a respiração consciente, são como nutrientes para o nosso bem-estar, fortalecendo o organismo e aumentando a nossa resistência ao estresse.

Organizar o tempo e as atividades: Priorizar as tarefas, delegar responsabilidades e estabelecer limites claros entre a vida profissional e pessoal são como ferramentas para organizar o caos, reduzindo a sensação de sobrecarga e aumentando a nossa eficiência.

Cultivar o otimismo e o bom humor: Encarar os desafios com uma perspectiva positiva, focando nas soluções e cultivando o bom humor são como raios de sol que iluminam a mente, afastando as nuvens escuras do estresse.

Fortalecer as relações interpessoais: Cultivar relacionamentos saudáveis, baseados no apoio mútuo, na confiança e no afeto, é como construir uma rede de segurança, que nos ampara nos momentos difíceis e nos dá força para superar os desafios.

Buscar ajuda profissional quando necessário: Se o estresse se tornar crônico e debilitante, não hesite em buscar ajuda de um profissional da saúde mental. É como procurar um guia experiente para nos orientar em um terreno desconhecido, nos ajudando a encontrar o caminho de volta para o equilíbrio e o bem-estar.

Gerenciar o estresse é uma prática contínua de autoconhecimento e equilíbrio, que nos ensina a responder às pressões da vida com sabedoria e resiliência. Cada estratégia adotada, desde a identificação de gatilhos até a implementação de hábitos saudáveis, nos aproxima de uma vida mais harmoniosa, onde o estresse deixa de ser um inimigo silencioso para se tornar uma energia controlada e redirecionada.

Ao fortalecer nosso "escudo interno" com práticas de autocuidado e conexões humanas, aprendemos a enfrentar os desafios sem sermos consumidos por eles. Isso nos permite transformar momentos de tensão em oportunidades de crescimento, reforçando nossa capacidade de lidar com adversidades e ampliando nossa perspectiva sobre o que realmente importa.

Domar o estresse é, acima de tudo, um ato de cuidado com nós mesmos. É uma escolha consciente de viver de forma mais leve e presente, encontrando equilíbrio em meio ao caos. Nesse caminho, descobrimos que o controle não está em evitar o estresse, mas em enfrentá-lo com coragem e clareza, criando uma vida mais plena e resiliente.

Capítulo 19
Lidando com a Raiva

A raiva é uma força inegável que emerge como um sinal claro de que algo dentro de nós precisa de atenção. Quando nos sentimos ameaçados, injustiçados ou frustrados, ela surge como um alerta, apontando para situações em que nossos limites foram ultrapassados ou nossas necessidades ignoradas. Essa emoção, apesar de frequentemente vista como negativa, possui um papel vital: ela nos desperta para a ação, encorajando-nos a enfrentar desafios, defender nossos direitos e corrigir injustiças. No entanto, para que sua intensidade não nos domine, é crucial aprender a canalizá-la com sabedoria, transformando sua energia em um recurso que promova soluções em vez de conflitos.

Lidar com a raiva não significa eliminá-la ou negá-la, mas entender sua origem e respeitar seu propósito. É necessário reconhecer que ela nos oferece uma oportunidade de autoconhecimento, revelando vulnerabilidades, valores e aquilo que realmente importa para nós. A raiva também pode nos fortalecer, motivando-nos a superar obstáculos e encontrar caminhos criativos para resolver problemas. Assim, ao invés de temer essa emoção, podemos enxergá-la como uma ferramenta poderosa, que, quando manejada adequadamente, contribui para nosso crescimento pessoal e melhora a qualidade de nossos relacionamentos.

O controle eficaz da raiva envolve a adoção de estratégias práticas que promovam equilíbrio e clareza em momentos de tensão. Isso inclui identificar os gatilhos que despertam a emoção, permitindo-nos antecipar situações de potencial conflito e nos prepararmos para reagir de maneira mais construtiva. Também requer a habilidade de expressar sentimentos de forma assertiva, comunicando-nos com respeito e empatia, sem recorrer à agressividade ou ao silêncio repressor. Dessa forma, a raiva deixa de ser um elemento destrutivo e se transforma em um catalisador para mudanças positivas, tanto em nosso interior quanto no mundo ao nosso redor.

A raiva é uma emoção natural e saudável, que surge quando nos sentimos ameaçados, injustiçados ou frustrados. Ela nos sinaliza que algo não está bem, que nossos limites foram violados ou que nossas necessidades não estão sendo atendidas. A raiva pode nos dar a energia necessária para defender nossos direitos, proteger aqueles que amamos e lutar por aquilo que acreditamos.

No entanto, quando a raiva é mal administrada, ela pode se tornar uma força destrutiva, levando-nos a agir de forma impulsiva, agressiva e prejudicial. A raiva descontrolada pode danificar relacionamentos, prejudicar a saúde e nos impedir de alcançar nossos objetivos. É como um fogo descontrolado, que consome tudo em seu caminho, deixando apenas cinzas e destruição.

Aprender a lidar com a raiva é como aprender a controlar o fogo, utilizando-o para aquecer e iluminar, sem deixá-lo nos queimar. É como ser um alquimista que transforma a energia bruta da raiva em uma força positiva, capaz de nos impulsionar em direção ao crescimento e à transformação.

Algumas estratégias para lidar com a raiva:

Identificar os gatilhos da raiva: Reconhecer as situações, pessoas ou pensamentos que desencadeiam a raiva é o primeiro passo para controlá-la. É como conhecer os pontos fracos de um inimigo, para que possamos nos defender com mais eficácia.

Expressar a raiva de forma construtiva: A raiva não precisa ser reprimida ou explodir em agressividade. Podemos expressá-la de forma assertiva, comunicando nossos sentimentos e necessidades com clareza e respeito. É como canalizar a energia do vulcão para gerar eletricidade, ao invés de deixá-la causar destruição.

Desenvolver habilidades de resolução de conflitos: Aprender a negociar, a se comunicar de forma não-violenta e a buscar soluções que atendam a todos os envolvidos são ferramentas essenciais para lidar com situações que geram raiva. É como construir pontes sobre os abismos que nos separam, criando caminhos para a compreensão e a cooperação.

Praticar técnicas de relaxamento: A respiração consciente, a meditação e outras técnicas de relaxamento podem ajudar a acalmar a mente e o corpo, reduzindo a intensidade da raiva e promovendo o equilíbrio emocional. É como usar água para apagar o fogo, refrescando o calor da raiva e trazendo paz interior.

Cultivar a paciência e a tolerância: Desenvolver a capacidade de lidar com frustrações, aceitar as diferenças e perdoar são qualidades essenciais para prevenir e controlar a raiva. É como construir um dique para conter as águas da raiva, evitando que elas inundam e destruam tudo ao seu redor.

Buscar ajuda profissional quando necessário: Se a raiva estiver causando problemas significativos em sua vida, não hesite em buscar ajuda de um profissional da saúde mental. É como pedir ajuda a um bombeiro para controlar um incêndio, antes que ele se alastre e cause danos irreparáveis.

Lidar com a raiva é um exercício de autoconhecimento e autocontrole que nos permite transformar essa energia intensa em algo construtivo e produtivo. Ao reconhecer seus gatilhos e aprender a canalizá-la, desenvolvemos a capacidade de agir com equilíbrio, promovendo mudanças que respeitem tanto nossas necessidades quanto as dos outros. Assim, a raiva deixa de ser uma força destrutiva para se tornar um recurso valioso de expressão e transformação pessoal.

Quando encaramos a raiva como uma oportunidade de crescimento, fortalecemos nossa habilidade de enfrentar desafios com clareza e propósito. Esse processo nos ensina a cultivar relações mais saudáveis, baseadas na empatia e no respeito mútuo, ao mesmo tempo em que aprimoramos nossa capacidade de resolver conflitos. A raiva, quando administrada sabiamente, se torna um combustível para a ação positiva e a superação de obstáculos.

Por fim, aprender a gerenciar a raiva é uma jornada de equilíbrio e resiliência. Nesse caminho, descobrimos que a força dessa emoção não precisa nos controlar, mas pode ser guiada por nós, iluminando nossos passos rumo a uma vida mais harmoniosa e plena de propósito.

Capítulo 20
Superando a Tristeza

A tristeza emerge como um aspecto essencial da experiência humana, uma resposta emocional legítima e profundamente significativa diante de perdas e desafios. Em vez de ser tratada como um fardo ou um obstáculo, a tristeza deve ser compreendida como um processo natural de cura e transformação. Essa emoção, tão universal quanto única em cada indivíduo, carrega a capacidade de abrir portas para reflexões profundas, permitindo um encontro mais íntimo com nossas próprias vulnerabilidades e fortalezas. Aceitar a tristeza é reconhecer sua função como um catalisador para a autocompreensão, um guia que nos conduz por um percurso de autodescoberta e crescimento emocional.

Longe de ser um sinal de fraqueza, a tristeza pode ser vista como um convite ao equilíbrio, uma oportunidade de reavaliar prioridades e de cultivar resiliência. Quando nos permitimos sentir plenamente a tristeza, em vez de suprimi-la ou combatê-la, estabelecemos uma conexão mais autêntica conosco mesmos e com o mundo ao nosso redor. Nesse estado de aceitação, a tristeza deixa de ser um peso paralisante e torna-se um elemento integrador, um momento de pausa necessário para recalibrar nossas forças diante das adversidades.

O processo de superar a tristeza envolve acolhimento e ação consciente. É essencial reconhecer o valor intrínseco dessa emoção, permitindo que ela flua sem medo ou resistência. Mais do que apenas superar, trata-se de aprender a conviver e crescer com ela, transformando-a em um recurso valioso de fortalecimento interior. Ao integrar a tristeza como parte de nossa história, conseguimos não apenas atravessar os momentos difíceis, mas também construir uma relação mais rica e significativa com a nossa existência.

Muitas vezes, tentamos evitar a tristeza a todo custo, como se ela fosse uma inimiga a ser combatida. Mas a tristeza não é uma fraqueza, e sim uma oportunidade de nos conectarmos com nossa humanidade, de reconhecermos nossas fragilidades e de nos fortalecermos diante das adversidades. A tristeza nos ensina a valorizar a vida, a cultivar a gratidão pelos momentos felizes e a encontrar beleza nas imperfeições.

Superar a tristeza não significa esquecê-la ou fingir que ela não existe. É sobre acolher a dor, permitir-se senti-la plenamente e, aos poucos, transformá-la em aprendizado e crescimento. É como navegar por um mar agitado, deixando-se levar pelas ondas da emoção, mas mantendo o leme firme em direção à calmaria.

Algumas estratégias para superar a tristeza:

Permitir-se sentir a tristeza: Não tente reprimir ou ignorar a tristeza. Permita-se senti-la plenamente, sem julgamentos ou críticas. Chore se tiver vontade, fale sobre seus sentimentos com alguém de confiança ou expresse sua dor através da arte, da música ou da escrita. É como dar espaço para a chuva cair, permitindo que ela lave a alma e renove as energias.

Cuidar de si mesmo: Nos momentos de tristeza, é fundamental priorizar o autocuidado. Alimente-se de forma saudável, pratique exercícios físicos regularmente, durma o suficiente e reserve tempo para atividades que lhe tragam prazer e relaxamento. É como oferecer um abraço quente a si mesmo, nutrir o corpo e a alma com carinho e atenção.

Cultivar a gratidão: Mesmo em meio à tristeza, procure se concentrar nas coisas boas da vida, nas pessoas que ama, nas experiências positivas e nas pequenas alegrias do dia a dia. A gratidão é como um farol que ilumina a escuridão, nos lembrando da beleza e da abundância que existem ao nosso redor.

Conectar-se com os outros: Busque o apoio de amigos, familiares ou grupos de suporte. Compartilhar seus sentimentos com pessoas que se importam com você pode trazer conforto, alívio e uma nova perspectiva. É como se unir a outras pessoas em uma dança da vida, compartilhando os passos e se apoiando mutuamente nos momentos difíceis.

Encontrar significado na dor: A tristeza pode ser uma oportunidade para reflexão, aprendizado e crescimento pessoal. Procure encontrar significado na experiência dolorosa, extraindo lições valiosas e transformando a dor em força e sabedoria. É como transformar o carvão em diamante, lapidando a dor através da reflexão e transformando-a em algo precioso e duradouro.

Buscar ajuda profissional quando necessário: Se a tristeza for persistente e intensa, impedindo-o de viver plenamente, não hesite em buscar ajuda de um profissional da saúde mental. É como procurar um médico para tratar uma ferida profunda, recebendo os cuidados necessários para a cura e a recuperação.

Superar a tristeza é um processo de acolhimento e transformação que nos reconecta com a essência de nossa humanidade. Ao permitirmos que ela se manifeste sem repressão, reconhecemos a riqueza de sua mensagem, que nos convida a refletir sobre nossas perdas, valores e a beleza presente até mesmo nos momentos desafiadores. Esse encontro com a tristeza não enfraquece, mas fortalece, revelando camadas de resiliência que muitas vezes desconhecíamos.

Quando abraçamos a tristeza como parte de nossa jornada, descobrimos que ela também carrega sementes de renovação e aprendizado. Cada lágrima, cada momento de introspecção nos aproxima de uma versão mais consciente e autêntica de nós mesmos. Assim, a tristeza se transforma em um ponto de partida para novas perspectivas, permitindo que o crescimento surja como uma resposta natural à dor vivida.

Superar a tristeza não é sobre apagá-la, mas integrá-la ao nosso percurso de vida com sabedoria e coragem. Ao cuidar de nós mesmos e buscar significado em nossas experiências, transformamos a tristeza em um guia que ilumina caminhos de superação, autocompreensão e conexão mais profunda com o que realmente importa.

Capítulo 21
Vencendo o Medo

O medo é uma força primitiva e universal, presente em todos os seres humanos, desempenhando um papel essencial em nossa sobrevivência. Ele surge como uma resposta instintiva que nos alerta para potenciais ameaças e nos prepara para agir, seja lutando ou fugindo. No entanto, em sua forma mais intensa ou desproporcional, o medo pode ultrapassar seu propósito protetor e se transformar em um obstáculo significativo. Em vez de nos impulsionar, ele pode nos limitar, bloqueando nossa capacidade de explorar, crescer e viver plenamente. Para superar o medo, é necessário compreender sua natureza, assumir uma postura ativa diante dele e utilizá-lo como um catalisador para o desenvolvimento pessoal e para a conquista de objetivos que, à primeira vista, parecem inalcançáveis.

Primeiro, é essencial reconhecer o medo como parte natural da experiência humana, permitindo-se acolher essa emoção sem julgamentos ou resistências. Quando aceitamos o medo, abrimos caminho para entendê-lo melhor, identificando suas origens e distinguindo o que é real do que é imaginado. Ao fazer isso, começamos a reduzir seu poder de paralisia e nos colocamos em uma posição mais consciente e fortalecida. Superar o medo não é um ato de negação, mas de transformação. Ele deixa de ser um monstro incontrolável para se tornar um adversário que podemos enfrentar e, eventualmente, superar.

Além disso, é fundamental adotar estratégias práticas e graduais para lidar com os medos específicos que nos impedem de avançar. Cada passo dado na direção do enfrentamento desses temores é uma vitória em si, fortalecendo nossa autoconfiança e construindo uma base sólida para desafios futuros. A prática do autocuidado, o cultivo de pensamentos realistas e a busca por apoio social são ferramentas poderosas que podem nos ajudar a transitar com segurança pelo território incerto do medo. Nesse processo, aprendemos não apenas a lidar com nossas vulnerabilidades, mas também a descobrir forças que, até então, estavam ocultas.

Ao percebermos o medo como uma oportunidade de aprendizado e crescimento, transformamos o que antes era um bloqueio em uma alavanca para a realização. Enfrentar o medo é, em última análise, um ato de coragem e amor-próprio, um passo essencial rumo à liberdade interior e ao alcance do nosso verdadeiro potencial.

No entanto, quando o medo se torna excessivo e desproporcional à ameaça real, ele pode se transformar em um obstáculo que nos impede de viver plenamente, de perseguir nossos sonhos e de alcançar nosso potencial. O medo descontrolado pode nos aprisionar em uma jaula de ansiedade, insegurança e limitação. É como se o dragão do medo nos mantivesse acorrentados em sua caverna, impedindo-nos de voar em direção à liberdade.

Vencer o medo não significa eliminá-lo completamente, mas sim domá-lo, transformando-o de um inimigo paralisante em um aliado que nos impulsiona a superar os desafios e a conquistar nossos objetivos. É como cavalgar o dragão do medo, utilizando sua força e energia para alcançar novas alturas.

Algumas estratégias para vencer o medo:

Enfrentar o medo de forma gradual: Comece enfrentando seus medos em pequenas doses, aumentando gradativamente o nível de exposição à situação temida. É como escalar uma montanha passo a passo, conquistando cada etapa com segurança e confiança, até chegar ao topo.

Questionar os pensamentos que alimentam o medo: Muitas vezes, o medo é alimentado por pensamentos negativos e irracionais, que distorcem a realidade e amplificam a sensação de perigo. Questione esses pensamentos, buscando evidências que os confirmem ou os neguem, e substitua-os por pensamentos mais realistas e positivos. É como desmascarar as ilusões criadas pelo dragão do medo, revelando a verdade por trás das sombras.

Desenvolver a autoconfiança: Acredite em sua capacidade de lidar com os desafios e de superar os obstáculos. Lembre-se de suas conquistas passadas, de suas habilidades e de seus recursos internos. A autoconfiança é como uma espada afiada, capaz de cortar as correntes do medo e nos libertar de suas garras.

Visualizar o sucesso: Imagine-se enfrentando a situação temida com coragem e sucesso, sentindo a sensação de liberdade e realização ao superar o desafio. A visualização é como um mapa que nos guia em direção ao nosso destino, nos mostrando o caminho a seguir e nos inspirando a alcançar nossos objetivos.

Praticar técnicas de relaxamento: A respiração consciente, a meditação e outras técnicas de relaxamento podem ajudar a acalmar a mente e o corpo, reduzindo a ansiedade e o medo. É como criar um escudo protetor contra o fogo do dragão, nos mantendo seguros e protegidos em meio às chamas.

Buscar apoio social: Compartilhe seus medos com pessoas de confiança, buscando apoio, compreensão e encorajamento. O apoio social é como um exército de aliados, que lutam ao nosso lado contra o dragão do medo, nos dando força e coragem para vencer a batalha.

Superar o medo é uma jornada que começa com a aceitação e se fortalece com ação consciente. Reconhecer o medo como uma parte legítima da experiência humana nos liberta do peso do julgamento, permitindo que o enfrentemos com coragem e determinação. Cada pequeno passo dado em direção ao enfrentamento dos nossos medos transforma o que antes era uma barreira em um trampolim para o crescimento pessoal.

Essa caminhada exige paciência e a prática de estratégias que promovam a autoconfiança e o equilíbrio emocional. Ao questionar pensamentos negativos, visualizar o sucesso e buscar apoio social, cultivamos uma base sólida para desafiar o medo. Cada vitória, por menor que pareça, nos aproxima de uma vida mais plena, onde o medo não nos paralisa, mas nos impulsiona a explorar nosso potencial e ir além dos limites autoimpostos.

Enfrentar o medo é, acima de tudo, um ato de autocompaixão e coragem. Nesse processo, descobrimos que somos mais fortes do que imaginamos, e que o medo, quando enfrentado, pode se transformar em uma força motriz para conquistar a liberdade interior e realizar sonhos que antes pareciam inalcançáveis.

Capítulo 22
Autocompaixão

A autocompaixão é a prática de oferecer a si mesmo o mesmo cuidado e apoio que você naturalmente demonstraria a um amigo querido em um momento de dificuldade. Quando nos deparamos com erros, fracassos ou desafios, é essencial cultivar uma atitude de bondade e compreensão em relação a nós mesmos, em vez de nos entregarmos à autocrítica severa. Essa abordagem nos ajuda a enfrentar o sofrimento de forma mais saudável, reconhecendo nossa humanidade compartilhada e nos permitindo crescer a partir das experiências vividas.

Adotar a autocompaixão significa reconhecer que a dor e as falhas são partes inevitáveis da jornada humana, e que isso não nos torna menos valiosos. Ao invés de nos afundarmos em sentimentos de inadequação, podemos nos apoiar emocionalmente, tratando nossos momentos de vulnerabilidade como oportunidades de aprendizado e fortalecimento. Assim como ofereceríamos um abraço acolhedor a alguém que amamos, podemos ser nossa própria fonte de conforto, aceitando nossas imperfeições com empatia e compreensão.

Quando praticamos a autocompaixão, estamos fortalecendo nossa resiliência emocional e ampliando nossa capacidade de enfrentar adversidades. Essa prática não é apenas um ato de autocuidado, mas um compromisso com o desenvolvimento de uma relação mais saudável e equilibrada com nós mesmos. Em última análise, a autocompaixão nos ajuda a viver com mais autenticidade, reconhecendo que somos dignos de amor e aceitação exatamente como somos.

A autocompaixão é como um abraço acolhedor que nos oferecemos nos momentos de dificuldade, um bálsamo que acalma as feridas emocionais e nos fortalece para seguir em frente. É tratar a si mesmo com a mesma bondade, compreensão e aceitação que ofereceria a um amigo querido.

Em uma sociedade que muitas vezes valoriza a autocrítica e a busca pela perfeição, podemos desenvolver um crítico interno impiedoso, que nos julga, nos culpa e nos diminui diante de qualquer erro ou falha. Essa voz interior negativa pode nos levar à autossabotagem, à ansiedade e à depressão.

A autocompaixão é o antídoto para essa autocrítica destrutiva. É como silenciar a voz do julgamento e substituí-la por uma voz de apoio, compreensão e aceitação. É reconhecer que todos nós somos imperfeitos, que cometemos erros e que enfrentamos dificuldades, e que isso não nos torna menos dignos de amor e compaixão.

Os três componentes da autocompaixão:

1. Autobondade: Tratar a si mesmo com gentileza e compreensão, ao invés de autocrítica e

julgamento. É como ser um bom amigo para si mesmo, oferecendo apoio e encorajamento nos momentos difíceis.

2. Humanidade compartilhada: Reconhecer que o sofrimento faz parte da experiência humana, que todos nós passamos por momentos difíceis e que não estamos sozinhos em nossa dor. É como se conectar com a grande teia da vida, reconhecendo que todos nós estamos interligados e que compartilhamos as mesmas alegrias e tristezas.

3. Mindfulness: Observar os próprios pensamentos e emoções com clareza e aceitação, sem se identificar com eles ou se deixar levar por eles. É como ser um observador curioso e imparcial da própria experiência, sem julgamentos ou reações impulsivas.

A prática da autocompaixão é um ato de coragem que nos permite transformar a relação com nós mesmos. Quando nos tratamos com gentileza e aceitamos nossa humanidade compartilhada, rompemos o ciclo da autocrítica e abrimos espaço para o autocuidado e o crescimento. Esse acolhimento interno não apenas alivia o sofrimento, mas também nos dá força para enfrentar os desafios com resiliência e serenidade.

Ao cultivar a autocompaixão, aprendemos que nossas imperfeições não nos definem, mas sim a forma como escolhemos lidar com elas. Essa prática nos ensina a buscar aprendizado em vez de perfeição, e a encontrar um equilíbrio entre o esforço por melhorias e a aceitação de quem somos. Nesse processo, nos tornamos não apenas mais gentis conosco mesmos, mas também mais capazes de estender essa gentileza aos outros.

Viver com autocompaixão é abraçar nossa jornada com autenticidade e respeito, reconhecendo que somos dignos de amor em todas as nossas fases. É através dessa prática que nos fortalecemos emocionalmente, vivemos com mais leveza e criamos um espaço interno onde a cura, a alegria e o autodesenvolvimento podem florescer.

Capítulo 23
Perdão

O perdão é como a chave que liberta uma alma aprisionada pelo peso do ressentimento e da dor. Ele nos convida a soltar as amarras emocionais que nos impedem de viver plenamente, permitindo que a paz interior e a liberdade tomem o lugar do sofrimento. Assim como um pássaro recupera suas asas ao sair de uma gaiola, a prática do perdão transforma nossa relação com o passado, não apagando os erros ou justificando as ofensas, mas nos libertando do fardo que elas representam.

É um gesto de profunda coragem, um ato de autoamor que envolve reconhecer a dor, enfrentá-la e escolher conscientemente não deixá-la definir nossas vidas. Ao perdoar, abrimos caminho para a cura e o crescimento, criando espaço para novas possibilidades e uma conexão mais genuína com nós mesmos e com os outros. Perdoar não elimina a memória do que aconteceu, mas ressignifica o impacto desse passado, permitindo-nos caminhar com leveza em direção ao futuro.

Quando perdoamos, rompemos as correntes invisíveis que nos prendem às mágoas e rancores, substituindo esses sentimentos por compreensão e compaixão. É um processo gradual que exige paciência e dedicação, mas que recompensa com a sensação de alívio e de reconexão com nosso propósito e nossa paz interior. O perdão, em sua essência, é uma escolha poderosa de liberdade, que transforma tanto quem o concede quanto quem o recebe.

O perdão é um ato de coragem e compaixão, que nos libera das amarras do passado e nos permite seguir em frente com leveza e serenidade. É uma escolha consciente de abandonar o ressentimento, a raiva e o desejo de vingança, abrindo espaço para a cura, a reconciliação e o crescimento pessoal.

Perdoar não significa esquecer ou justificar a ofensa, mas sim libertar-se do peso da dor e do sofrimento que ela causa. É como soltar as pedras que carregamos em nossas costas, permitindo-nos caminhar com mais leveza e liberdade.

O perdão é um presente que damos a nós mesmos, uma oportunidade de nos libertarmos do cativeiro do passado e de construirmos um futuro mais positivo e promissor. É como abrir as janelas da alma, deixando entrar a luz da compaixão, da cura e da paz.

Perdoar a si mesmo:

Muitas vezes, somos nossos maiores críticos, nos culpando e nos julgando por erros do passado. A autocompaixão e o perdão a si mesmo são essenciais para nos libertarmos da culpa e da vergonha, abrindo caminho para o aprendizado e o crescimento. É como oferecer a nós mesmos a mesma compreensão e gentileza que ofereceríamos a um amigo querido.

Perdoar os outros:

Perdoar aqueles que nos feriram pode ser um desafio, mas é um passo essencial para a cura e a liberdade emocional. Ao perdoarmos os outros, nos liberamos do ressentimento e da raiva, abrindo espaço para a compaixão e a reconciliação. É como quebrar as correntes que nos prendem ao passado, permitindo-nos seguir em frente com leveza e serenidade.

O perdão é uma jornada de libertação que começa dentro de nós mesmos. Ao escolher perdoar, não estamos apagando o que aconteceu, mas ressignificando o impacto que os eventos tiveram em nossa vida. Essa prática nos ensina a soltar o peso do passado, permitindo que o presente seja vivido com mais clareza e leveza. O perdão, tanto para os outros quanto para nós mesmos, é um ato profundo de autoamor e uma ferramenta essencial para a cura emocional.

Quando perdoamos, abrimos espaço para sentimentos mais construtivos, como a compaixão e a gratidão. Essa mudança nos permite reconectar com nossa essência, fortalecendo a resiliência e ampliando nossa capacidade de amar e aceitar, tanto as imperfeições do mundo quanto as nossas próprias. É nesse movimento que encontramos não apenas alívio, mas também a força necessária para transformar a dor em aprendizado.

Ao praticar o perdão, damos um passo poderoso em direção à paz interior. Esse ato nos ensina que o passado não precisa ditar nosso futuro e que, ao soltar as correntes da mágoa, ganhamos a liberdade de viver de forma mais plena e verdadeira. Assim, o perdão se torna um presente que oferecemos a nós mesmos, um portal para a cura e um convite para a renovação.

Capítulo 24
Gratidão

Gratidão é um sentimento poderoso que nos conecta à essência das coisas boas que experimentamos em nossas vidas. Pense em cada experiência positiva, em cada gesto de bondade, como um fragmento precioso que compõe o mosaico da nossa existência. Reconhecer essas peças, valorizando seu impacto em nossa jornada, é o que dá vida à prática da gratidão. Mais do que uma simples resposta emocional, é um estado de consciência que nos permite enxergar além do cotidiano, revelando a beleza e a riqueza escondidas em cada detalhe da nossa realidade.

A gratidão funciona como um catalisador de emoções positivas, ampliando nosso senso de conexão e pertencimento. Quando refletimos sobre os momentos que nos trouxeram alegria ou aprendizado, fortalecemos nossa habilidade de encontrar significado mesmo nas situações desafiadoras. Esse reconhecimento genuíno não apenas realça os aspectos luminosos de nossa trajetória, mas também nutre a capacidade de transformar adversidades em oportunidades de crescimento. É um processo que nos convida a revisitar o presente com um olhar renovado, cultivando serenidade e resiliência.

A prática contínua da gratidão nos ensina que cada detalhe – desde um gesto simples de gentileza até os encontros que moldam nossa história – tem um papel fundamental em nosso bem-estar. Por meio dela, descobrimos que a verdadeira abundância não reside apenas nos grandes feitos ou conquistas, mas nos instantes aparentemente ordinários que, ao serem valorizados, se revelam extraordinários. Assim, ao incorporarmos a gratidão como parte integral de nossa perspectiva, não apenas reconhecemos as bênçãos que nos cercam, mas também nos tornamos mais receptivos a novas experiências e possibilidades.

A gratidão é uma emoção positiva que surge quando reconhecemos e valorizamos as coisas boas que temos em nossa vida, sejam elas grandes ou pequenas. É uma atitude de reconhecimento pelas dádivas que recebemos, pelas pessoas que nos amam, pelas experiências que nos enriquecem e pelas oportunidades que se apresentam em nosso caminho.

Cultivar a gratidão é como nutrir o solo desse jardim interior, permitindo que as flores da alegria, da paz e do bem-estar floresçam com mais intensidade. É como abrir o coração para receber as bênçãos da vida, reconhecendo a abundância que nos cerca e cultivando uma atitude de apreço e contentamento.

Os benefícios da gratidão:

Aumento da felicidade e do bem-estar: Pessoas gratas tendem a ser mais felizes, otimistas e satisfeitas com a vida. A gratidão nos ajuda a focar nas coisas boas, a valorizar o que temos e a cultivar uma perspectiva positiva.

Melhora dos relacionamentos: A gratidão fortalece os laços afetivos, aumenta a empatia e promove a generosidade. Quando somos gratos pelas pessoas em nossa vida, nos sentimos mais conectados a elas e mais motivados a cultivar relacionamentos saudáveis e positivos.

Redução do estresse e da ansiedade: A gratidão nos ajuda a lidar com as adversidades, a superar os desafios e a encontrar paz interior. Quando somos gratos, nos concentramos nas bênçãos da vida, o que nos ajuda a manter a calma e a serenidade mesmo em momentos difíceis.

Melhora da saúde física e mental: Estudos mostram que a gratidão está associada a uma série de benefícios para a saúde, como a redução da pressão arterial, o fortalecimento do sistema imunológico, a melhora do sono e a redução dos sintomas de depressão e ansiedade.

Como cultivar a gratidão:

Manter um diário da gratidão: Reserve alguns minutos por dia para escrever sobre as coisas pelas quais você é grato. Pode ser algo simples, como um dia ensolarado, um gesto de carinho de um amigo ou uma refeição deliciosa.

Expressar gratidão às pessoas: Agradeça às pessoas que fazem parte da sua vida, expressando seu apreço por sua presença, seu apoio e seu amor. Um simples "obrigado" pode fazer uma grande diferença na vida de alguém.

Praticar a atenção plena: Preste atenção nas pequenas coisas do dia a dia, nos detalhes que muitas vezes passam despercebidos, como o canto dos pássaros, o cheiro da chuva ou o sabor de uma fruta fresca. A atenção plena nos ajuda a reconhecer a beleza e a abundância que nos cercam.

Cultivar uma atitude de apreço: Valorize as coisas que você tem, ao invés de se concentrar naquilo que lhe falta. Lembre-se de que muitas pessoas no mundo não têm acesso às mesmas oportunidades e privilégios que você.

A gratidão é uma prática transformadora que nos ensina a valorizar a beleza nas coisas simples e a encontrar significado em cada aspecto de nossas vidas. Ao reconhecermos o que já temos e as experiências que nos moldaram, cultivamos um estado de contentamento que transcende circunstâncias externas. Essa prática contínua fortalece nosso coração, abrindo espaço para a alegria e a resiliência diante dos desafios.

Incorporar a gratidão em nossa rotina é um convite para viver com mais presença e conexão. Seja ao manter um diário de gratidão, expressar apreciação às pessoas ao nosso redor ou observar com atenção os detalhes cotidianos, descobrimos que a abundância está menos em coisas materiais e mais no modo como percebemos e valorizamos nossa jornada. A gratidão nos relembra que cada momento tem seu valor único e irrecuperável.

Por fim, cultivar a gratidão é uma escolha que amplifica nosso bem-estar e nos conecta à essência do que realmente importa. Ao viver com um coração agradecido, não apenas celebramos as bênçãos que já recebemos, mas também nos tornamos mais abertos para receber novas dádivas da vida, criando um ciclo contínuo de alegria e crescimento.

Capítulo 25
Pensamento Positivo

O pensamento positivo é a base de uma mentalidade que transforma a maneira como vivenciamos o dia a dia, iluminando nossa mente com esperança, otimismo e autoconfiança. Ele age como uma força interna capaz de nutrir nossa perspectiva diante das dificuldades, permitindo que enxerguemos possibilidades onde antes parecia haver apenas obstáculos. Tal como um jardineiro que cuida do solo para que floresçam as melhores sementes, o cultivo de pensamentos positivos exige atenção, dedicação e escolhas conscientes. Essa prática não nega a existência de desafios; ao contrário, reconhece-os como oportunidades de crescimento e aprendizado, promovendo uma transformação interna que se reflete em todas as áreas da vida.

Mais do que um estado de espírito passageiro, o pensamento positivo é uma postura ativa, uma decisão diária de focar nos recursos disponíveis, nas soluções possíveis e nos aspectos favoráveis de cada situação. Ao adotarmos essa abordagem, criamos um espaço mental onde a gratidão, a confiança e a alegria podem prosperar, permitindo que enfrentemos as adversidades com mais clareza e equilíbrio. É como se estivéssemos ajustando as lentes com as quais enxergamos o mundo, filtrando o excesso de negativismo e deixando passar as luzes de esperança e motivação que alimentam nossa capacidade de agir e transformar.

Com isso, o pensamento positivo deixa de ser apenas uma prática pessoal e se torna uma força poderosa para a construção de uma vida mais satisfatória e significativa. Ele potencializa nossa resiliência, melhora nossa saúde física e mental e contribui para o fortalecimento dos vínculos em nossos relacionamentos. Mais ainda, inspira-nos a avançar com coragem e criatividade, explorando caminhos inovadores e abraçando novas possibilidades. Assim, a decisão de cultivar uma mentalidade positiva não é apenas um exercício de bem-estar imediato, mas um investimento de longo prazo no desenvolvimento de uma existência plena, harmoniosa e conectada com nossas aspirações mais profundas.

O pensamento positivo é uma perspectiva mental que se concentra nos aspectos favoráveis da vida, nas possibilidades, nas soluções e nos recursos disponíveis. É uma forma de enxergar o mundo com lentes cor-de-rosa, filtrando o negativismo e a desesperança, e abrindo espaço para a alegria, a gratidão e o otimismo.

Cultivar o pensamento positivo não significa ignorar os problemas ou fingir que a vida é perfeita. É sobre escolher focar nas oportunidades, nas soluções e nos aprendizados que cada situação, por mais desafiadora que seja, pode nos oferecer. É como ser um alquimista que transforma o chumbo das dificuldades em ouro da sabedoria e do crescimento.

Os benefícios do pensamento positivo:

Aumento da resiliência: Pessoas com uma mentalidade positiva tendem a ser mais resilientes, superando as adversidades com mais facilidade e aprendendo com as experiências difíceis. O pensamento positivo nos dá força para seguir em frente, mesmo quando o caminho é árduo e cheio de obstáculos.

Melhora da saúde física e mental: Estudos mostram que o pensamento positivo está associado a uma série de benefícios para a saúde, como a redução do estresse, o fortalecimento do sistema imunológico, a melhora do sono e a redução dos sintomas de depressão e ansiedade.

Aumento da criatividade e da produtividade: O pensamento positivo estimula a criatividade, a inovação e a busca por soluções. Quando acreditamos em nosso potencial e nas possibilidades que se apresentam, nos sentimos mais motivados a agir, a criar e a produzir.

Melhora dos relacionamentos: O pensamento positivo nos torna mais agradáveis, otimistas e receptivos aos outros. Quando cultivamos uma mentalidade positiva, atraímos pessoas e relacionamentos positivos para nossa vida.

Como cultivar o pensamento positivo:

Identificar e desafiar os pensamentos negativos: Preste atenção aos pensamentos que surgem em sua mente e identifique aqueles que são negativos, pessimistas ou autocríticos. Questione esses pensamentos, buscando evidências que os confirmem ou os neguem, e substitua-os por pensamentos mais realistas e positivos.

Praticar a gratidão: Concentre-se nas coisas boas que você tem em sua vida, nas pessoas que ama, nas experiências positivas e nas pequenas alegrias do dia a dia. A gratidão é um antídoto poderoso contra o negativismo e a desesperança.

Visualizar o sucesso: Imagine-se alcançando seus objetivos, superando os desafios e vivendo a vida que você deseja. A visualização criativa é uma ferramenta poderosa para programar a mente para o sucesso e atrair resultados positivos.

Cercar-se de pessoas positivas: Procure a companhia de pessoas otimistas, alegres e inspiradoras. A energia positiva é contagiante, e estar cercado de pessoas positivas pode ajudá-lo a cultivar uma mentalidade mais otimista.

Cuidar da saúde física e mental: Uma alimentação saudável, a prática regular de exercícios físicos, o sono adequado e as técnicas de relaxamento, como a meditação e a respiração consciente, são fundamentais para manter o equilíbrio emocional e cultivar uma mentalidade positiva.

O pensamento positivo é uma ferramenta poderosa que nos permite transformar desafios em oportunidades e adversidades em aprendizado. Cultivar essa perspectiva nos ajuda a encontrar equilíbrio e força mesmo nos momentos mais difíceis, guiando-nos para soluções criativas e um senso renovado de propósito. Assim, o otimismo não é apenas um estado de espírito, mas uma escolha diária que alimenta nosso bem-estar e potencializa nossas ações.

Ao incorporarmos o pensamento positivo em nossa rotina, ajustamos a maneira como interagimos com o mundo, fortalecendo nossos vínculos e promovendo uma abordagem mais construtiva diante das situações. Essa prática nos inspira a avançar com confiança e determinação, criando um ciclo de resiliência, crescimento e gratidão que nos conecta com o melhor de nós mesmos e dos outros.

A decisão de cultivar o pensamento positivo não é apenas um ato de autocuidado, mas um compromisso com uma vida mais harmoniosa e satisfatória. Ao escolher enxergar o lado luminoso das experiências, plantamos as sementes para uma existência rica em significado, onde cada desafio se torna uma oportunidade de florescer e alcançar novas possibilidades.

Capítulo 26
Gestão Emocional nos Relacionamentos

Os relacionamentos interpessoais podem ser comparados a um jardim que floresce com diversidade, cada flor representando um aspecto único de nossas conexões humanas. Para que esse jardim prospere, é essencial dedicar cuidado, atenção e nutrir as interações com atitudes positivas e reflexivas. A gestão emocional surge como a principal ferramenta para promover esse cuidado, permitindo-nos manejar conflitos, fomentar a empatia e criar um ambiente fértil para o fortalecimento de vínculos.

Ao aplicar os princípios da gestão emocional, adquirimos a capacidade de transformar os desafios em oportunidades de crescimento mútuo. Cada interação pode ser encarada como um convite para exercitar a compreensão, expressar necessidades de forma respeitosa e praticar a paciência. Assim, os laços de confiança e afeto são cultivados com firmeza, mesmo em terrenos que inicialmente pareçam áridos ou difíceis de manejar.

Dessa forma, aprender a gerenciar emoções não é apenas uma habilidade, mas um investimento contínuo que reflete diretamente na qualidade de nossas relações amorosas, familiares, de amizade ou profissionais. Com dedicação, construímos um espaço harmonioso onde a troca genuína e a compreensão mútua se tornam os frutos mais preciosos de nosso cultivo emocional.

Nos relacionamentos, sejam eles amorosos, familiares, de amizade ou profissionais, as emoções desempenham um papel fundamental. Elas influenciam a forma como nos comunicamos, como lidamos com os conflitos e como construímos laços de afeto e confiança. A gestão emocional nos permite navegar pelas complexas dinâmicas dos relacionamentos com mais consciência, equilíbrio e sabedoria.

Alguns princípios da gestão emocional nos relacionamentos:

Autoconhecimento: Compreender as próprias emoções, necessidades e limites é o primeiro passo para construir relacionamentos saudáveis. É como conhecer o solo do nosso próprio jardim, para que possamos cultivar as plantas certas e oferecer-lhes os nutrientes adequados.

Empatia: Colocar-se no lugar do outro, compreendendo suas emoções, necessidades e perspectivas, é essencial para criar conexões genuínas e fortalecer os laços afetivos. É como se sintonizar com a melodia do coração do outro, criando uma harmonia que enriquece a relação.

Comunicação assertiva: Expressar as próprias necessidades e opiniões de forma clara, respeitosa e autêntica é fundamental para evitar mal-entendidos e construir relacionamentos baseados na confiança e na reciprocidade. É como usar uma linguagem comum, que permite que ambos os lados se compreendam e se conectem.

Gerenciamento de conflitos: Conflitos são inevitáveis em qualquer relacionamento, mas a forma como lidamos com eles pode fortalecer ou enfraquecer os laços. A gestão emocional nos permite enfrentar os conflitos com calma, respeito e uma busca por soluções que atendam a ambos os lados. É como podar as ervas daninhas do jardim, sem danificar as flores delicadas.

Perdão e reconciliação: Errar faz parte da natureza humana, e nos relacionamentos, o perdão e a reconciliação são essenciais para superar as mágoas e restaurar a harmonia. É como adubar o solo do jardim após uma tempestade, permitindo que as flores voltem a florescer com mais vigor.

A gestão emocional nos relacionamentos é um processo contínuo de cuidado e aprimoramento, que permite transformar cada interação em uma oportunidade de conexão mais profunda e significativa. Ao cultivar o autoconhecimento, a empatia e a comunicação assertiva, criamos um terreno fértil para que os vínculos cresçam com respeito e autenticidade, mesmo em meio aos desafios naturais da convivência.

Ao lidar com os conflitos de forma equilibrada e buscar a reconciliação através do perdão, abrimos espaço para que os relacionamentos não apenas sobrevivam, mas prosperem. Essas práticas fortalecem a confiança e criam um ambiente onde as emoções podem ser expressas e compreendidas de maneira saudável, reforçando a importância do diálogo e da colaboração.

Gestão emocional nos relacionamentos é, acima de tudo, um ato de amor — por nós mesmos e pelos outros. É o compromisso de nutrir cada laço com atenção e respeito, permitindo que o jardim das nossas conexões floresça com harmonia e beleza, mesmo diante das adversidades que surgem pelo caminho.

Capítulo 27
Gestão Emocional na Família

A família é o alicerce essencial para o desenvolvimento humano, um espaço onde aprendemos as bases das emoções, da convivência e do afeto. Nesse núcleo, as interações diárias moldam nossa capacidade de lidar com sentimentos, resolver conflitos e construir relacionamentos saudáveis. Assim como uma planta precisa de cuidados constantes para crescer e florescer, a convivência familiar requer atenção deliberada para que suas relações se fortaleçam. Ao compreender e praticar a gestão emocional no dia a dia, é possível transformar a dinâmica familiar em um ambiente de crescimento mútuo, respeito e amor genuíno.

A gestão emocional no contexto familiar exige que cada membro assuma um papel ativo na promoção de interações mais conscientes e compassivas. Isso implica cultivar hábitos que valorizem a comunicação aberta e o reconhecimento das emoções, tanto as próprias quanto as alheias. Em vez de reprimir conflitos ou emoções difíceis, é necessário encará-los como oportunidades de aprendizado, fortalecendo os laços e criando uma atmosfera de segurança emocional. Tal abordagem garante que todos, desde as crianças até os adultos, sintam-se respeitados e apoiados em sua jornada de desenvolvimento pessoal.

Ao cuidar das relações familiares com empatia e responsabilidade, estamos também investindo em um legado emocional positivo para as gerações futuras. Crianças que crescem em ambientes emocionalmente saudáveis aprendem a construir relacionamentos mais equilibrados e a enfrentar desafios com resiliência. Pais e cuidadores, por sua vez, têm a oportunidade de influenciar diretamente na criação de uma base sólida de amor e respeito, que se refletirá em suas próprias vidas e na sociedade como um todo. Por isso, a gestão emocional na família não é apenas uma prática individual, mas um compromisso coletivo que transforma e enriquece a vida de todos os envolvidos.

A gestão emocional na família é como a arte de jardinagem aplicada aos relacionamentos familiares. É aprender a identificar as necessidades de cada membro, a nutrir o solo da comunicação, a podar os galhos dos conflitos e a colher os frutos do amor, do respeito e da harmonia.

Cultivando a inteligência emocional na família:

Comunicação afetiva: Expressar amor, carinho e apreço uns pelos outros é fundamental para criar um clima de afeto e segurança na família. É como regar o jardim com palavras de encorajamento, gestos de carinho e abraços apertados.

Escuta ativa: Ouvir com atenção, sem julgamentos ou interrupções, é essencial para compreender as emoções e necessidades de cada membro da família. É como se inclinar para ouvir o murmúrio do vento entre as folhas, captando as mensagens sutis que ele traz.

Empatia: Colocar-se no lugar do outro, tentando compreender seus sentimentos e perspectivas, é fundamental para construir pontes de conexão e resolver conflitos de forma pacífica. É como se colocar na pele da flor que se abre para o sol, sentindo sua fragilidade e sua força.

Gerenciamento de conflitos: Desacordos e conflitos são inevitáveis em qualquer família, mas a forma como lidamos com eles pode fortalecer ou enfraquecer os laços familiares. É importante aprender a expressar as emoções de forma assertiva, a negociar e a buscar soluções que atendam às necessidades de todos. É como podar os galhos que crescem de forma desordenada, sem ferir o tronco da árvore.

Estabelecimento de limites: Definir limites claros e coerentes é essencial para o desenvolvimento saudável de todos os membros da família. É como construir uma cerca ao redor do jardim, protegendo-o de ameaças externas e permitindo que as plantas cresçam com segurança.

Tradições e rituais familiares: Criar tradições e rituais familiares, como jantar juntos, celebrar datas especiais ou compartilhar momentos de lazer, fortalece os laços afetivos e cria memórias positivas. É como decorar o jardim com elementos que trazem beleza, significado e personalidade.

Tempo de qualidade: Reservar tempo para conviver, brincar e se divertir juntos é essencial para nutrir os relacionamentos familiares. É como sentar-se à sombra de uma árvore frondosa no jardim, apreciando a beleza do momento presente e a companhia daqueles que amamos.

A gestão emocional na família é uma prática contínua de cuidado e conexão que transforma o lar em um ambiente de crescimento mútuo e amor incondicional. Ao cultivar a comunicação afetuosa, a escuta ativa e a empatia, criamos um espaço onde cada membro pode se sentir acolhido e valorizado, permitindo que a convivência se torne mais harmoniosa e enriquecedora.

Quando enfrentamos os desafios familiares com paciência e compromisso, aprendemos a transformar os conflitos em oportunidades de aprendizado e fortalecimento dos laços. Cada gesto de compreensão, cada limite estabelecido com respeito e cada tradição cultivada reforçam a base emocional que sustenta a família, criando um legado de amor e resiliência para as próximas gerações.

Investir na gestão emocional no contexto familiar é um ato de transformação coletiva que reflete em cada aspecto da vida. Ao nutrir essas relações com cuidado e atenção, não apenas fortalecemos o núcleo familiar, mas também contribuímos para formar indivíduos mais empáticos, resilientes e preparados para construir um mundo mais equilibrado e compassivo.

Capítulo 28
Gestão Emocional no Trabalho

O ambiente de trabalho é um espaço onde as emoções desempenham um papel central, influenciando diretamente as interações e os resultados obtidos. Cada profissional é parte de um ecossistema dinâmico, onde a forma como as emoções são gerenciadas pode determinar o sucesso individual e coletivo. A gestão emocional emerge, nesse contexto, como uma habilidade essencial, capaz de transformar desafios cotidianos em oportunidades para o crescimento e a superação. Reconhecer o impacto das emoções no ambiente corporativo é o primeiro passo para cultivar resiliência, fortalecer relações interpessoais e impulsionar a produtividade.

Diariamente, os profissionais enfrentam pressões como prazos desafiadores, mudanças inesperadas e a necessidade de equilibrar metas ambiciosas com demandas pessoais. Nessas situações, a gestão emocional funciona como um guia, ajudando a identificar e regular as próprias emoções e a responder às dos outros com empatia e assertividade. Essa competência não apenas promove equilíbrio interno, mas também fortalece o senso de equipe, facilitando a comunicação clara, a colaboração eficaz e a resolução construtiva de conflitos.

Ao integrar a inteligência emocional no ambiente corporativo, é possível criar uma cultura organizacional mais saudável e engajada. Isso envolve cultivar o autoconhecimento para entender reações automáticas, adotar práticas que minimizem o estresse, e desenvolver um estilo de liderança que inspire confiança e motivação. Assim, o local de trabalho deixa de ser um espaço meramente funcional e se transforma em um ambiente onde o potencial humano é plenamente explorado, promovendo realizações profissionais alinhadas ao bem-estar emocional.

No ambiente de trabalho, estamos constantemente expostos a situações que desafiam nosso equilíbrio emocional: prazos apertados, metas desafiadoras, competição acirrada, conflitos interpessoais, mudanças inesperadas. A gestão emocional nos permite navegar por esses desafios com mais serenidade, resiliência e inteligência.

Dominando o palco profissional com inteligência emocional:

Autoconhecimento: Compreender as próprias emoções, gatilhos e padrões de comportamento é essencial para identificar os pontos fortes e fracos, e desenvolver estratégias para lidar com as pressões do trabalho. É como conhecer o próprio personagem, suas motivações, seus medos e seus desejos, para interpretá-lo com autenticidade e maestria.

Gerenciamento do estresse: Desenvolver mecanismos para lidar com o estresse, como técnicas de relaxamento, organização do tempo e cultivo de hábitos saudáveis, é fundamental para manter o equilíbrio emocional e a produtividade em alta. É como preparar o corpo e a mente para a performance, garantindo que o ator tenha energia e foco para brilhar no palco.

Comunicação assertiva: Comunicar-se de forma clara, direta e respeitosa, expressando ideias, opiniões e necessidades de forma construtiva, é essencial para construir relacionamentos profissionais saudáveis e produtivos. É como dominar a arte do diálogo, usando a voz e a linguagem corporal para transmitir mensagens com clareza e impacto.

Trabalho em equipe: Colaborar com colegas, compartilhando responsabilidades, respeitando as diferenças e buscando soluções em conjunto, é essencial para o sucesso de qualquer equipe. É como criar uma sinfonia no palco, onde cada instrumento contribui para a harmonia do conjunto.

Liderança compassiva: Líderes que inspiram, motivam e apoiam suas equipes, criando um ambiente de trabalho positivo e colaborativo, tendem a alcançar resultados extraordinários. É como ser o maestro da orquestra, conduzindo os músicos com paixão e precisão, extraindo o melhor de cada um.

Gerenciamento de conflitos: Conflitos são inevitáveis no ambiente de trabalho, mas a forma como lidamos com eles pode fazer a diferença entre o sucesso e o fracasso. A gestão emocional nos permite enfrentar os conflitos de forma construtiva, buscando soluções que beneficiem a todos os envolvidos. É como transformar o conflito em uma oportunidade de crescimento, aprendizado e aperfeiçoamento.

A gestão emocional no trabalho é uma habilidade transformadora que nos capacita a enfrentar os desafios do ambiente corporativo com equilíbrio e propósito. Ao desenvolver o autoconhecimento, aprimoramos nossa capacidade de compreender e regular nossas reações emocionais, tornando-nos mais resilientes diante das pressões diárias. Essa prática não apenas fortalece nosso desempenho individual, mas também promove um clima organizacional mais saudável e colaborativo.

Ao adotar uma comunicação assertiva e cultivar o trabalho em equipe, criamos um espaço onde as ideias fluem livremente, os relacionamentos prosperam e os objetivos são alcançados com eficiência. Líderes que integram a gestão emocional em seu estilo de liderança inspiram confiança e motivação, transformando suas equipes em verdadeiros motores de inovação e resultados sustentáveis.

A prática da gestão emocional no trabalho é, acima de tudo, um investimento no bem-estar e no potencial humano. Ela nos ensina que é possível equilibrar metas ambiciosas com qualidade de vida, transformando o local de trabalho em um ambiente de aprendizado, crescimento e realização, onde cada desafio se torna uma oportunidade de progresso coletivo e pessoal.

Capítulo 29
Gestão Emocional na Educação

A sala de aula é um ambiente onde o aprendizado se constrói com base na interação entre emoções e conhecimento. Aqui, as emoções não são apenas influências passageiras; elas moldam diretamente a capacidade de concentração, a retenção de informações e a motivação dos estudantes. A gestão emocional, nesse contexto, assume um papel fundamental, funcionando como um alicerce que fortalece os vínculos interpessoais e potencializa a curiosidade e o entusiasmo. Por meio de práticas intencionais, ela cria um espaço de confiança e colaboração, onde cada aluno é encorajado a explorar suas habilidades e a desenvolver plenamente seu potencial.

Esse processo vai além da simples aplicação de metodologias de ensino; ele envolve a criação de um clima emocionalmente seguro, onde os estudantes se sintam confortáveis para expressar suas ideias e emoções. Quando as emoções são compreendidas e respeitadas, torna-se possível canalizá-las de maneira positiva, transformando desafios em oportunidades de crescimento. Assim, a sala de aula se torna um lugar onde as trocas de experiências e as relações interpessoais criam um solo fértil para o florescimento do aprendizado. Cada interação, seja entre alunos ou entre professores e estudantes, contribui para construir um ambiente pautado pela empatia e pelo respeito mútuo.

Ao integrar a gestão emocional como uma parte central da prática educacional, não apenas se promove o desempenho acadêmico, mas também o desenvolvimento de competências sociais e emocionais essenciais para a vida. A capacidade de reconhecer, compreender e regular emoções é uma habilidade que beneficia os estudantes dentro e fora da escola, preparando-os para enfrentar desafios com resiliência e construir relações mais saudáveis. Dessa forma, a gestão emocional transforma a sala de aula em um espaço dinâmico e inclusivo, onde o aprendizado é visto como um processo contínuo, interligado às vivências emocionais e ao crescimento pessoal de cada indivíduo.

A gestão emocional na educação vai além do ensino de conteúdos acadêmicos. É sobre oferecer às crianças e adolescentes as ferramentas necessárias para compreenderem e lidarem com suas emoções, desenvolverem a empatia, construírem relacionamentos saudáveis e se tornarem adultos resilientes, responsáveis e felizes.

Cultivando a inteligência emocional nas escolas:

Criar um ambiente emocionalmente seguro: Um ambiente escolar acolhedor, respeitoso e livre de bullying é essencial para que os alunos se sintam seguros para expressar suas emoções, compartilhar suas ideias e buscar ajuda quando precisam. É como construir uma estufa protegida, onde as plantinhas podem crescer sem medo das intempéries.

Ensinar habilidades de reconhecimento e regulação emocional: As crianças precisam aprender a identificar, nomear e lidar com suas emoções de forma saudável. Atividades lúdicas, jogos e brincadeiras podem ser utilizados para ensinar sobre as emoções de forma divertida e engajadora. É como oferecer um guia ilustrado para o mundo das emoções, com mapas e ferramentas para explorar cada sentimento.

Desenvolver a empatia: Incentivar as crianças a se colocarem no lugar dos outros, a compreenderem diferentes perspectivas e a demonstrarem compaixão é essencial para a construção de relacionamentos saudáveis e uma sociedade mais justa e solidária. É como plantar sementes de empatia no coração de cada criança, que germinarão em frutos de compreensão e solidariedade.

Promover a comunicação assertiva: Ensinar às crianças como se comunicar de forma clara, respeitosa e eficaz, expressando suas necessidades, opiniões e sentimentos de forma construtiva, é fundamental para prevenir e resolver conflitos de forma pacífica. É como oferecer um manual de instruções para a comunicação, com dicas e exemplos para uma conversa mais fluida e harmoniosa.

Incentivar a autoestima e a autoconfiança: Acreditar em si mesmo, reconhecer seus talentos e se sentir capaz de alcançar seus objetivos são pilares fundamentais para o desenvolvimento saudável e o sucesso na vida. É como nutrir as raízes da autoestima, para que a planta do "eu" cresça forte e confiante.

Estimular a cooperação e o trabalho em equipe: Aprender a trabalhar em grupo, a compartilhar ideias, a respeitar as diferenças e a buscar soluções em conjunto são habilidades essenciais para o sucesso na vida acadêmica e profissional. É como criar um ecossistema no jardim, onde diferentes espécies convivem em harmonia, trocando nutrientes e se fortalecendo mutuamente.

A gestão emocional na educação é a base para construir um ambiente onde aprendizado e desenvolvimento humano caminham lado a lado. Quando alunos se sentem emocionalmente seguros, eles não apenas aprendem melhor, mas também desenvolvem competências essenciais para a vida, como empatia, resiliência e comunicação assertiva. Essa abordagem transforma a sala de aula em um espaço onde os desafios se tornam oportunidades de crescimento, e as interações promovem vínculos significativos e duradouros.

Ao ensinar habilidades de regulação emocional e incentivar a empatia, preparamos os estudantes para lidar com suas emoções de maneira saudável, promovendo um ambiente colaborativo e respeitoso. Essas práticas não apenas fortalecem o desempenho acadêmico, mas também criam uma fundação sólida para relações interpessoais mais saudáveis e para uma visão mais compassiva do mundo.

Integrar a gestão emocional à educação é investir no futuro de cada aluno, promovendo uma jornada de aprendizado que transcende os conteúdos curriculares. É capacitar as próximas gerações a enfrentarem desafios com confiança e a criarem um impacto positivo na sociedade, onde o conhecimento está alinhado ao bem-estar emocional e à solidariedade.

Capítulo 30
Gestão Emocional e Saúde Mental

A mente humana é um sistema intrincado e fascinante, onde cada pensamento, emoção e comportamento desempenha um papel fundamental no equilíbrio e na harmonia do indivíduo. A saúde mental representa o estado de estabilidade desse sistema, uma interação delicada que promove bem-estar, clareza e funcionalidade na vida cotidiana. A gestão emocional, por sua vez, é a prática consciente de compreender e direcionar as emoções de forma a fortalecer essa estabilidade. Juntas, essas dimensões formam a base para uma existência plena, permitindo que cada pessoa alcance seu potencial máximo e navegue pelos desafios da vida com resiliência e propósito.

A manutenção da saúde mental exige atenção constante, como cuidar de um organismo vivo que responde a estímulos internos e externos. Reconhecer os sinais de desequilíbrio, cultivar hábitos saudáveis e buscar apoio quando necessário são passos essenciais para preservar esse estado de equilíbrio. A gestão emocional, nesse contexto, atua como uma ferramenta indispensável, ajudando-nos a lidar com situações de estresse, a fortalecer vínculos interpessoais e a transformar adversidades em aprendizado. É por meio dessa prática que desenvolvemos autoconsciência e aprimoramos a capacidade de gerenciar nossas reações diante das diversas experiências que vivemos.

Ao compreender a importância da saúde mental e da gestão emocional, é possível perceber como essas dimensões estão intrinsecamente conectadas ao bem-estar geral. A habilidade de identificar, regular e expressar emoções de maneira equilibrada contribui para a construção de relações mais saudáveis, maior produtividade e uma sensação de propósito. Assim como um sistema harmonioso depende de cada componente funcionando de maneira coordenada, a vida humana se beneficia de uma mente saudável e emocionalmente alinhada. Com dedicação e práticas conscientes, podemos criar um ambiente interno fértil, onde emoções positivas florescem e o potencial humano é plenamente realizado.

A saúde mental e a gestão emocional estão intimamente interligadas, como raízes que se entrelaçam no solo da nossa existência. A capacidade de compreender, regular e utilizar as emoções de forma inteligente é essencial para manter o equilíbrio mental, prevenir transtornos e construir uma vida mais saudável, feliz e significativa.

Cuidando do jardim da mente:

Reconhecendo os sinais: Assim como as plantas de um jardim demonstram sinais de desequilíbrio quando não estão sendo bem cuidadas, a nossa mente também nos envia mensagens quando algo não vai bem. Insônia, ansiedade, irritabilidade, dificuldade de concentração, perda de interesse pelas coisas que antes nos davam prazer – esses são alguns dos sinais que podem indicar que precisamos dedicar mais atenção à nossa saúde mental.

Cultivando hábitos saudáveis: Uma alimentação equilibrada, a prática regular de exercícios físicos, o sono adequado, o contato com a natureza e as relações interpessoais positivas são como nutrientes essenciais para o jardim da mente, promovendo o bem-estar e a resiliência emocional.

Desenvolvendo a autoconsciência: Observar os próprios pensamentos, emoções e comportamentos com atenção e sem julgamentos nos permite identificar padrões negativos e desenvolver estratégias para lidar com eles de forma mais saudável. É como estudar o mapa do jardim, identificando as áreas que precisam de mais atenção e cuidado.

Gerenciando o estresse: O estresse crônico é como uma praga que pode infestar o jardim da mente, causando danos e desequilíbrios. Aprender a lidar com o estresse através de técnicas de relaxamento, organização do tempo e busca por suporte social é essencial para manter a saúde mental.

Cultivando emoções positivas: Emoções como a alegria, a gratidão, o amor e a esperança são como flores que embelezam e perfumam o jardim da mente. Cultivar essas emoções através de práticas como a meditação, o contato com a natureza e a expressão artística promove o bem-estar e a felicidade.

Buscando ajuda profissional: Assim como um jardineiro pode precisar de ajuda especializada para combater uma praga persistente, nós também podemos precisar buscar apoio de profissionais da saúde mental quando enfrentamos dificuldades emocionais ou transtornos mentais. Não há vergonha em pedir ajuda, e buscar tratamento é um ato de coragem e amor próprio.

A gestão emocional e a saúde mental são pilares fundamentais para uma vida equilibrada e satisfatória. Ao desenvolver a habilidade de reconhecer e regular nossas emoções, fortalecemos não apenas nossa resiliência diante dos desafios, mas também a capacidade de desfrutar plenamente os momentos de alegria e realização. Essa prática contínua nos ensina que cuidar da mente é tão essencial quanto cuidar do corpo, criando uma base sólida para o bem-estar integral.

Quando cultivamos hábitos saudáveis, buscamos autoconsciência e aprendemos a gerenciar o estresse, criamos um ambiente interno onde a saúde mental pode florescer. Esse processo se reflete positivamente em nossas relações, produtividade e na maneira como enxergamos o mundo, promovendo uma conexão mais autêntica conosco mesmos e com os outros. Além disso, reconhecer a necessidade de ajuda profissional é um passo vital para superar dificuldades, demonstrando coragem e compromisso com nossa própria felicidade.

Cuidar da saúde mental é um ato de autocompaixão e responsabilidade. Ao integrarmos a gestão emocional em nossa rotina, estamos investindo em um jardim interno onde as emoções positivas têm espaço para florescer, e os desafios podem ser transformados em oportunidades de aprendizado e crescimento. Essa escolha consciente nos guia para uma vida mais harmônica, plena e alinhada com nosso propósito.

Capítulo 31
Autoestima:
Construindo a Base da Confiança

A autoestima é a estrutura fundamental que sustenta a confiança e a capacidade de cada pessoa em enfrentar os desafios da vida. Trata-se de uma avaliação pessoal que reflete o valor que atribuímos à nossa existência, abrangendo o reconhecimento das nossas forças, limitações e potencialidades. Uma autoestima saudável nos permite compreender e aceitar quem somos em essência, ao mesmo tempo que cultivamos um senso profundo de amor próprio e respeito. Este processo envolve esforço contínuo, paciência e dedicação, funcionando como a base sólida sobre a qual construímos a confiança necessária para vivermos de forma plena e resiliente.

A construção da autoestima começa pelo autoconhecimento, que é o pilar central desse processo. Entender os próprios pensamentos, emoções, valores e crenças nos possibilita identificar e fortalecer os aspectos positivos que compõem nossa identidade, bem como enfrentar com coragem as áreas que demandam crescimento. Essa jornada de autodescoberta cria um terreno fértil para cultivar amor próprio, elemento essencial para tratar-se com bondade, valorizando-se sem recorrer à perfeição. Amar a si mesmo é aceitar que cada pessoa possui singularidades, que são as bases do que nos torna únicos e dignos de respeito.

Além disso, a prática da aceitação, das afirmações positivas e o cuidado contínuo com o bem-estar físico e emocional reforçam a construção de uma autoestima sólida. Ao celebrarmos conquistas, aprendermos com erros e cuidarmos das nossas necessidades, estabelecemos uma relação de confiança conosco mesmos. Essa base não apenas nos sustenta, mas também nos impulsiona a enfrentar desafios e abraçar oportunidades, moldando uma vida mais rica, confiante e satisfatória.

A autoestima é a avaliação que fazemos de nós mesmos, o valor que atribuímos à nossa própria existência. É a base da confiança, da resiliência e da capacidade de enfrentar os desafios da vida com coragem e otimismo. Uma autoestima saudável nos permite aceitar nossas imperfeições, reconhecer nossos talentos e acreditar em nosso potencial para alcançar nossos objetivos.

Construindo o castelo da autoestima:

Autoconhecimento: O primeiro passo para construir uma autoestima sólida é se conhecer profundamente, explorando seus pensamentos, emoções, valores, crenças e motivações. É como estudar o mapa do seu castelo interior, identificando seus pontos fortes, seus pontos fracos e os tesouros escondidos em seu interior.

Amor próprio: Amar a si mesmo é a argamassa que une os tijolos da autoestima. É tratar-se com bondade, compreensão e respeito, aceitando suas imperfeições e celebrando suas qualidades. É como decorar o seu castelo com afeto, criando um ambiente aconchegante e acolhedor.

Aceitação: Aceitar-se como você é, com seus defeitos e qualidades, é essencial para construir uma autoestima genuína e duradoura. É como reconhecer a beleza única do seu castelo, com suas torres altas e seus porões escondidos, sem tentar transformá-lo em algo que ele não é.

Afirmações positivas: Repetir afirmações positivas sobre si mesmo, como "eu sou capaz", "eu sou valente", "eu sou digno de amor", é como gravar mensagens de empoderamento nas paredes do seu castelo, reforçando sua autoconfiança e seu amor próprio.

Cuidar de si mesmo: Cuidar da sua saúde física, mental e emocional é como manter o seu castelo limpo, organizado e protegido. Alimente-se bem, pratique exercícios físicos, durma o suficiente, cultive relacionamentos saudáveis e dedique tempo a atividades que lhe tragam prazer e relaxamento.

Celebrar as conquistas: Reconhecer e celebrar suas conquistas, por menores que sejam, é como adicionar novas torres e bandeiras ao seu castelo, simbolizando seu crescimento, sua força e sua capacidade de superação.

Aprender com os erros: Errar faz parte do processo de aprendizagem e crescimento. Ao invés de se culpar pelos erros, encare-os como oportunidades para aprender, se desenvolver e se tornar uma pessoa melhor.

É como reconstruir uma parte do seu castelo com mais sabedoria e experiência, tornando-o ainda mais forte e resistente.

A autoestima é a base que sustenta nossa confiança e nos impulsiona a viver com autenticidade e coragem. Construí-la é um processo contínuo de autodescoberta e aceitação, no qual aprendemos a valorizar nossas qualidades, abraçar nossas imperfeições e cultivar uma relação saudável conosco mesmos. Quando fortalecemos essa base, encontramos a força necessária para enfrentar desafios e transformar cada experiência em aprendizado.

O amor próprio, o cuidado com nossas necessidades e a celebração de conquistas são tijolos fundamentais para erguer o castelo da autoestima. Ao reforçarmos esses pilares com autoconhecimento e afirmações positivas, criamos uma estrutura sólida que nos protege das adversidades e nos permite crescer com resiliência e propósito. Assim, cada passo dado em direção à aceitação e ao respeito por quem somos se torna um investimento em uma vida mais plena e significativa.

Com uma autoestima saudável, estamos mais preparados para enfrentar o mundo e nos conectar com os outros de maneira genuína. Essa base nos permite não apenas acreditar em nosso potencial, mas também inspirar confiança e positividade em nossas relações, moldando uma jornada rica em realizações e em paz interior.

Capítulo 32
Confiança:
Desenvolvendo a Força Interior

A confiança é uma força interior inabalável, comparável a uma árvore majestosa que cresce firme e resiliente, com raízes profundamente fincadas no solo da autoestima. É a base sólida que nos capacita a enfrentar desafios, alcançar sonhos e reconhecer nosso valor intrínseco. Assim como uma árvore floresce quando bem cuidada, a confiança se expande quando cultivada com práticas conscientes e contínuas. Fortalecer essa força interior é um processo transformador que exige autoconhecimento, coragem e perseverança.

Mais do que uma simples crença nas nossas capacidades, a confiança é a expressão concreta da segurança que sentimos em nós mesmos, independentemente das circunstâncias. Ela se manifesta na convicção de que somos capazes de aprender, crescer e superar as adversidades. Quando desenvolvemos a confiança, estabelecemos uma base inquebrável para a realização pessoal e para o enfrentamento do mundo com determinação e propósito. É essa confiança que nos permite agir, mesmo diante do desconhecido, com otimismo e resiliência.

Ao embarcar nessa jornada de fortalecimento da confiança, é essencial reconhecer que cada passo dado – seja ele um sucesso ou uma lição aprendida – contribui para esse crescimento. A autoestima atua como o solo fértil que sustenta essa construção, enquanto o reconhecimento de nossos talentos e conquistas serve como nutriente para nosso desenvolvimento. Por meio da superação de desafios e da celebração de vitórias, aprendemos a expandir as fronteiras da confiança, permitindo que ela floresça plenamente e se torne uma aliada constante em nossa caminhada para o sucesso e a realização pessoal.

A confiança é a crença em nossas próprias habilidades, qualidades e julgamentos. É a certeza de que podemos lidar com as situações que a vida nos apresenta, superar os obstáculos e alcançar nossos objetivos. A confiança é uma fonte de empoderamento, que nos impulsiona a agir com coragem, determinação e otimismo.

Cultivando a árvore da confiança:

Nutrir a autoestima: A autoestima é o solo fértil onde a confiança se enraíza. Para desenvolver a confiança, é essencial cultivar uma autoestima saudável, baseada no autoconhecimento, no amor próprio e na aceitação. É como preparar o terreno para o plantio, garantindo que a árvore tenha uma base sólida para crescer.

Reconhecer seus talentos e habilidades: Identificar seus pontos fortes, suas qualidades e suas áreas de excelência é como descobrir as sementes da confiança que já existem em seu interior. Valorize seus talentos, desenvolva suas habilidades e use-os a seu favor.

Celebrar as conquistas: Cada conquista, por menor que seja, é como um galho que se fortalece na árvore da confiança. Reconheça seus sucessos, comemore suas vitórias e use-as como motivação para seguir em frente.

Aprender com os erros: Os erros são como ventos que podem balançar a árvore da confiança, mas não precisam derrubá-la. Encare os erros como oportunidades de aprendizado, extraia lições valiosas e use-as para se fortalecer e crescer.

Sair da zona de conforto: Enfrentar novos desafios, experimentar coisas novas e se colocar em situações que exigem coragem e superação é como expandir as raízes da confiança, explorando novos territórios e fortalecendo a base da árvore.

Visualizar o sucesso: Imaginar-se alcançando seus objetivos, superando os obstáculos e vivendo a vida que deseja é como nutrir a árvore da confiança com a luz do sol da esperança e do otimismo.

Cultivar relacionamentos positivos: Cercar-se de pessoas que acreditam em você, que o apoiam e o incentivam é como criar um ecossistema favorável ao crescimento da confiança. Busque a companhia de pessoas positivas, inspiradoras e que o ajudem a florescer.

A confiança é a força que nos impulsiona a explorar o desconhecido, enfrentar desafios e avançar com determinação. Assim como uma árvore cresce em direção ao céu quando bem cuidada, a confiança floresce quando nutrimos nossas raízes com autoestima, reconhecemos nossas capacidades e cultivamos a coragem para agir. Cada experiência de superação e cada conquista reforçam esse alicerce, tornando-o mais sólido e resiliente.

Para desenvolver a confiança, é essencial celebrar tanto as vitórias quanto as lições aprendidas com os erros. Essa prática transforma cada passo, por menor que seja, em uma oportunidade de crescimento. Sair da zona de conforto, cercar-se de pessoas que nos apoiam e visualizar nossos sucessos são formas poderosas de expandir essa força interior, permitindo que ela nos guie em direção aos nossos sonhos e aspirações.

A confiança não é um ponto de chegada, mas uma jornada contínua de fortalecimento e autodescoberta. Ao cultivá-la com intenção e consistência, construímos uma base sólida que nos permite viver com autenticidade e propósito, enfrentando a vida com coragem e otimismo, enquanto inspiramos outros a fazer o mesmo.

Capítulo 33
Motivação:
Despertando a Força Interior

A motivação é a força essencial que nos impulsiona diariamente, uma energia poderosa e vibrante que nos conecta aos nossos objetivos e dá sentido às nossas ações. Ela se manifesta como um estado interno que orienta nossas escolhas, reforça nossa determinação e nos fornece a energia necessária para enfrentar os desafios e buscar a realização pessoal e profissional. Despertar essa força interior exige um mergulho profundo no entendimento dos nossos valores, sonhos e propósitos, transformando-a em uma chama constante e renovadora que guia cada passo de nossa trajetória.

A capacidade de se manter motivado está diretamente ligada à clareza de nossos objetivos e ao alinhamento deles com aquilo que realmente importa para nós. Quando sabemos exatamente o que queremos alcançar e reconhecemos a importância dessas metas em nossas vidas, a motivação passa a ser não apenas uma ferramenta, mas uma parte intrínseca de quem somos. Ela é reforçada pela autoconfiança, pela prática de celebrar conquistas e pela busca contínua por inspiração e aprendizado. Essa força interior não surge espontaneamente, mas é cultivada através de ações conscientes que fortalecem nossa resiliência e nossa capacidade de agir de maneira proativa, mesmo diante de adversidades.

Para construir e manter a motivação em alta, é fundamental estabelecer um ambiente favorável, tanto interno quanto externo. Internamente, devemos nutrir a crença em nossas habilidades, desenvolvendo a autoeficácia e praticando o reconhecimento de nossas conquistas, por menores que sejam. Externamente, é necessário buscar apoio em pessoas positivas e inspiradoras, organizar o espaço ao nosso redor para promover o foco e a produtividade, e adotar hábitos que reforcem nosso compromisso com o progresso. Assim, transformamos a motivação em um combustível que não apenas sustenta nossa caminhada, mas nos impulsiona a ir além de onde imaginávamos ser possível chegar.

A motivação é um estado interno que nos impulsiona à ação, que nos dá energia e direção para alcançar nossos objetivos. Ela pode ser intrínseca, quando vem de dentro, do prazer e da satisfação em realizar uma atividade, ou extrínseca, quando é impulsionada por recompensas externas, como reconhecimento, promoção ou recompensas materiais.

Acendiendo a chama da motivação:

Definindo objetivos claros e alcançáveis: Ter metas bem definidas, desafiadoras, mas realistas, é como traçar a rota para o seu destino, dando direção e propósito à sua jornada. Objetivos vagos e indefinidos são como navegar sem uma bússola, perdendo-se em meio ao mar da indecisão.

Conectando-se com seus valores: Quando seus objetivos estão alinhados com seus valores e crenças, a motivação flui com mais naturalidade. É como navegar com o vento a seu favor, impulsionado por uma força maior que lhe dá sentido e propósito.

Encontrando o seu propósito: Descobrir o seu "porquê", a razão pela qual você faz o que faz, é como descobrir a fonte inesgotável de motivação. O propósito dá significado à sua jornada, transformando obrigações em missões e tarefas em oportunidades de contribuir para algo maior que você mesmo.

Cultivando a autoeficácia: Acreditar em sua capacidade de alcançar seus objetivos é como fortalecer as velas do seu navio, permitindo que ele navegue com mais velocidade e segurança em direção ao seu destino. A autoeficácia é a confiança em suas próprias habilidades, que o impulsiona a agir com determinação e persistência.

Celebrando as pequenas vitórias: Reconhecer e celebrar cada etapa vencida, cada obstáculo superado, é como reabastecer o seu navio com combustível, mantendo a motivação acesa durante toda a jornada. As pequenas vitórias alimentam a autoconfiança e o impulso para seguir em frente.

Buscando inspiração: Ler livros, assistir a filmes, conversar com pessoas inspiradoras e se conectar com histórias de superação é como observar as estrelas no céu, guiando-se por sua luz e encontrando novas direções para a sua jornada. A inspiração renova as energias e alimenta a chama da motivação.

Criando um ambiente motivador: Cercar-se de pessoas positivas, organizar seu espaço de trabalho, definir metas desafiadoras e se recompensar pelos seus esforços são como criar um ambiente propício à navegação, com ventos favoráveis, mares calmos e uma tripulação motivada.

A motivação é a força vital que nos move a realizar, superar e transformar sonhos em realidade. Cultivá-la é um exercício contínuo de alinhamento entre nossos objetivos e valores, reconhecendo no propósito pessoal a fonte mais poderosa de inspiração. Quando entendemos o "porquê" de nossas ações, cada esforço ganha significado, e até os desafios mais difíceis se tornam etapas necessárias de uma jornada repleta de propósito.

Manter a motivação viva exige estratégias que reforcem tanto a autoconfiança quanto a clareza do caminho. Celebrar pequenas conquistas, buscar inspiração e criar um ambiente favorável são práticas que renovam a energia e nos ajudam a permanecer comprometidos com nossos objetivos. Cada vitória, por menor que pareça, fortalece nossa determinação, enquanto a superação de obstáculos reforça a crença em nossas capacidades.

Ao despertar e nutrir a motivação, transformamos nossa força interior em uma chama constante, capaz de iluminar nosso caminho mesmo em momentos de incerteza. Essa energia nos impulsiona a ir além, explorando nosso potencial e vivendo com paixão e propósito, prontos para enfrentar o que quer que esteja à frente.

Capítulo 34
Criatividade:
Despertando o Potencial Imaginativo

A criatividade é um elemento essencial da natureza humana, uma força dinâmica que atravessa todos os aspectos de nossas vidas, moldando o mundo em que vivemos. Não se trata de um privilégio reservado a alguns, mas sim de uma habilidade universal, presente em cada pessoa, à espera de ser explorada e ampliada. Ao entender a criatividade como uma corrente poderosa que flui incessantemente dentro de nós, é possível reconhecer seu papel fundamental na resolução de problemas, na inovação e na expressão individual. Este capítulo é um convite para desbloquear esse potencial, removendo os obstáculos que o reprimem e permitindo que ele se manifeste de maneira plena e significativa.

A criatividade vai além de meros devaneios; ela está profundamente conectada à capacidade de enxergar possibilidades onde antes havia limitações. Essa habilidade pode ser despertada por meio de práticas deliberadas que estimulam a mente e expandem o horizonte das ideias. O primeiro passo para nutrir a criatividade é aceitar que ela não é um talento nato ou exclusivo, mas uma aptidão que pode ser desenvolvida.

Assim como um rio ganha força quando seus caminhos estão livres, nossa criatividade se fortalece ao superarmos barreiras internas, como medo de julgamentos, autocrítica excessiva ou apego a padrões rígidos.

A jornada para despertar o potencial criativo começa com ações concretas que envolvem explorar o mundo ao nosso redor e buscar inspiração em fontes diversas. Seja ao questionar as suposições habituais, experimentar novas abordagens ou mergulhar em campos desconhecidos, cada esforço para romper com os limites do pensamento convencional abre novas portas para o imaginário. Este processo não apenas nos conecta com ideias originais, mas também reforça a confiança em nossas capacidades intuitivas e no poder transformador da inovação. Ao cultivarmos esses hábitos e adotarmos uma postura aberta e curiosa, a criatividade deixa de ser um fluxo esporádico e se torna uma força constante que enriquece todos os aspectos de nossas vidas.

A criatividade não é um dom exclusivo de artistas e inventores; ela é uma habilidade inerente a todos os seres humanos, um potencial adormecido que pode ser despertado e desenvolvido. É como uma semente que aguarda as condições ideais para germinar e florescer.

Desobstruindo o fluxo da criatividade:

Cultivar a curiosidade: A curiosidade é a faísca que acende a chama da criatividade. É o desejo de explorar, de descobrir, de questionar, de ir além do óbvio. Seja curioso como uma criança, perguntando "por quê?" a tudo, investigando o mundo ao seu redor com olhos de descobridor.

Romper com os padrões: A criatividade floresce quando nos liberamos das amarras do pensamento convencional, dos julgamentos e das crenças limitantes. Ouse pensar fora da caixa, questione as regras, experimente novas abordagens, explore caminhos alternativos.

Abraçar a diversidade: A criatividade se alimenta da diversidade de ideias, perspectivas e experiências. Busque inspiração em diferentes fontes, converse com pessoas de diferentes culturas e backgrounds, explore diferentes formas de arte e expressão.

Dar asas à imaginação: A imaginação é o motor da criatividade, a capacidade de criar imagens mentais, de visualizar possibilidades, de sonhar com o novo e o inusitado. Dê asas à sua imaginação, permitindo-se explorar mundos fantásticos, criar histórias e personagens, e dar vida a ideias originais.

Confiar na intuição: A intuição é a voz interior que nos guia em direção às melhores soluções, às ideias mais criativas e aos caminhos mais inovadores. Aprenda a ouvir sua intuição, a confiar em seus insights e a seguir seus instintos.

Experimentar e errar: A criatividade é um processo de experimentação, de tentativa e erro. Não tenha medo de errar, de tentar coisas novas, de sair da sua zona de conforto. Cada erro é uma oportunidade de aprendizado, um passo a mais em direção à maestria.

Cultivar o flow: O estado de flow é um estado de concentração profunda, de imersão total na atividade, de perda da noção do tempo e do espaço. É nesse estado que a criatividade flui com mais intensidade e liberdade. Busque atividades que lhe proporcionem esse estado de flow, como a música, a arte, a escrita, o esporte ou qualquer outra atividade que lhe apaixone.

A criatividade é uma força transformadora que nos conecta com o potencial ilimitado de nossas mentes, permitindo que vejamos o mundo por lentes novas e inovadoras. Cultivá-la é um exercício de curiosidade, coragem e abertura para o inesperado. Ao explorar ideias, experimentar e permitir-se errar, damos espaço para que a imaginação floresça, iluminando nossos caminhos com soluções originais e expressões autênticas.

Despertar a criatividade começa com o rompimento de barreiras internas, como o medo do fracasso ou a rigidez do pensamento. Ao acolher a diversidade, confiar na intuição e buscar o estado de flow, ampliamos nosso horizonte mental e abrimos portas para possibilidades que antes pareciam inalcançáveis. Cada novo desafio ou experiência pode se transformar em combustível para a criação, desde que nos aproximemos com uma mente curiosa e receptiva.

Ao incorporar a criatividade como um hábito contínuo, ela deixa de ser apenas uma habilidade esporádica e se torna uma força viva que transforma nossa maneira de viver e interagir com o mundo. Esse potencial imaginativo não apenas enriquece nossas vidas, mas também nos capacita a deixar nossa marca única no universo, inovando e inspirando à nossa volta.

Capítulo 35
Espiritualidade e Gestão Emocional

A espiritualidade se apresenta como um aspecto intrínseco da experiência humana, um horizonte vasto que ultrapassa os limites do tangível, conectando-nos a valores, propósitos e dimensões que enriquecem nossa existência. Nesse contexto, a gestão emocional surge como uma habilidade fundamental, que nos permite enfrentar os desafios da vida com resiliência, enquanto cultivamos um estado de paz interior. Juntas, espiritualidade e gestão emocional formam uma base sólida para uma vida equilibrada, permitindo que avancemos em nossa jornada com clareza e serenidade.

A busca espiritual não é apenas uma conexão com algo maior, mas também um reflexo de nosso desejo de autoconhecimento e significado. Ao mesmo tempo, a gestão emocional nos equipa para lidar com as inevitáveis oscilações de nossas emoções, como a raiva, o medo e a tristeza, tornando-nos mais conscientes de nosso universo interior. Essa interação entre os dois aspectos nos convida a explorar um caminho onde valores éticos, compaixão e gratidão se tornam bússolas que orientam nossas escolhas diárias e fortalecem nossos relacionamentos.

Ao reconhecer a interdependência entre espiritualidade e emoções, construímos um alicerce que nos ajuda a cultivar virtudes como amor incondicional, generosidade e humildade. A prática de meditação, oração ou simples contemplação torna-se uma janela para o transcendente, ampliando a consciência e promovendo equilíbrio emocional. A transformação pessoal, por sua vez, emerge desse processo, motivando-nos a superar desafios internos e a nos alinhar com um propósito mais elevado, fundamentado em autenticidade e conexão.

Este capítulo explora essa dinâmica enriquecedora, mostrando como integrar espiritualidade e gestão emocional pode nos guiar em direção a uma vida mais plena e significativa.

A espiritualidade e a gestão emocional se complementam como duas faces da mesma moeda. A espiritualidade nos conecta com valores e propósitos que transcendem o ego, nos inspirando a cultivar qualidades como compaixão, gratidão, perdão e amor incondicional. A gestão emocional nos fornece as ferramentas para lidar com as emoções desafiadoras que surgem ao longo do caminho, como o medo, a raiva, a tristeza e a dúvida, permitindo-nos navegar pelas turbulências da vida com mais serenidade e equilíbrio.

Explorando o universo interior:

Conexão com o sagrado: A espiritualidade nos conecta com uma dimensão sagrada da existência, seja através da religião, da meditação, da contemplação da natureza ou de outras práticas que nos aproximam do transcendente. É como se abríssemos uma janela para o infinito, expandindo nossa consciência e nos enchendo de paz e serenidade.

Busca por significado: A espiritualidade nos impulsiona a buscar um significado para a vida, um propósito que vá além das questões materiais e egoístas. É como se buscássemos a nossa própria estrela no céu, um guia que nos oriente em nossa jornada e nos dê direção.

Cultivo de valores: A espiritualidade nos inspira a cultivar valores como o amor, a compaixão, a gratidão, o perdão, a generosidade e a humildade. Esses valores são como bússolas que nos orientam em nossas escolhas e ações, nos conduzindo em direção a uma vida mais ética, justa e compassiva.

Autoconhecimento: A espiritualidade nos convida a uma profunda reflexão sobre nós mesmos, nossas crenças, nossos valores e nosso papel no mundo. É como se fizéssemos uma viagem de descoberta ao nosso próprio universo interior, explorando nossas luzes e sombras, nossas forças e fraquezas.

Gestão das emoções: A espiritualidade nos fornece ferramentas para lidar com as emoções desafiadoras, como o medo, a raiva, a tristeza e a insegurança. Práticas como a meditação, a oração e o cultivo da gratidão nos ajudam a acalmar a mente, a encontrar paz interior e a cultivar a resiliência emocional.

Transformação pessoal: A espiritualidade nos impulsiona a uma constante busca por crescimento e transformação pessoal. É como se estivéssemos sempre em movimento, evoluindo em direção a uma versão mais autêntica, compassiva e consciente de nós mesmos.

A integração entre espiritualidade e gestão emocional nos conduz a um caminho de equilíbrio, autoconhecimento e conexão mais profunda com a vida. Ao cultivarmos a espiritualidade, encontramos um alicerce que nos ajuda a enfrentar os desafios com propósito, enquanto a gestão emocional nos capacita a lidar com as nuances de nossas emoções, transformando turbulências internas em aprendizado e serenidade. Essa combinação nos prepara para navegar pelas complexidades da existência com clareza e resiliência.

Práticas espirituais, como a meditação, a oração ou a contemplação, criam um espaço para expandirmos nossa consciência e cultivarmos virtudes como compaixão e gratidão. Paralelamente, ao gerenciar nossas emoções com intenção, fortalecemos nossa capacidade de agir de forma alinhada com nossos valores e propósito, mesmo em momentos de incerteza ou dificuldade. Esse ciclo de conexão e transformação promove uma vida mais autêntica e significativa.

Ao alinharmos espiritualidade e gestão emocional, descobrimos um caminho para transcender nossas limitações e nos conectarmos com algo maior. Essa jornada não apenas nos eleva individualmente, mas também inspira a criação de relacionamentos mais harmoniosos e uma contribuição mais consciente para o mundo ao nosso redor. Com essa abordagem integrada, vivemos de forma mais plena, nutrindo tanto nosso espírito quanto nossas emoções.

Capítulo 36
Corpo e Mente:
A Dança do Bem-Estar

O corpo e a mente são parceiros inseparáveis, atuando em uma sincronia que reflete a essência do bem-estar. Essa conexão profunda revela que cuidar do corpo é mais do que simplesmente fortalecer músculos ou melhorar o condicionamento físico; é oferecer a base necessária para que a mente floresça em equilíbrio e serenidade. Do mesmo modo, nutrir a mente vai além de estimular pensamentos criativos ou alcançar tranquilidade emocional; é também cultivar uma força interior que sustenta a saúde e a vitalidade do corpo. Assim, a harmonia entre corpo e mente não é apenas uma meta desejável, mas uma coreografia essencial que molda a qualidade da vida como um todo.

Um corpo saudável proporciona o vigor e a energia necessários para enfrentar os desafios diários, enquanto uma mente em equilíbrio nos guia com clareza e determinação. Quando ambos estão em sintonia, é como se cada aspecto do ser humano funcionasse como parte de uma grande engrenagem, movendo-se de forma fluida e eficiente. Por isso, práticas que promovem essa integração – desde a alimentação consciente até a gestão do estresse – devem ser vistas não como obrigações, mas como atos de cuidado e amor-próprio. Ao fortalecer o corpo e nutrir a mente, criamos as condições ideais para uma existência plena, em que cada movimento e pensamento reflete vitalidade, serenidade e propósito.

Ao longo deste capítulo, exploraremos formas práticas e acessíveis de cultivar essa interação vital entre corpo e mente. Vamos desvendar como pequenas mudanças na rotina podem transformar a maneira como vivemos, permitindo que cada escolha e ação contribuam para um estado mais elevado de saúde e bem-estar. Como na dança, onde cada passo tem um propósito e contribui para a beleza do conjunto, integrar hábitos saudáveis no dia a dia é o segredo para alcançar equilíbrio e realização em todas as áreas da vida.

A saúde física e mental estão intimamente conectadas, como duas faces da mesma moeda. Um corpo saudável proporciona uma base sólida para uma mente equilibrada, enquanto uma mente saudável influencia positivamente o funcionamento do corpo. Cultivar hábitos que promovem o bem-estar físico e mental é como aperfeiçoar a coreografia da vida, criando uma dança fluida, elegante e cheia de vitalidade.

Sintonizando corpo e mente:

Alimentação consciente: Nutrir o corpo com alimentos saudáveis e nutritivos é como oferecer ao dançarino o combustível necessário para seus movimentos precisos e energéticos. Uma dieta equilibrada, rica em frutas, verduras, legumes e grãos integrais, fornece os nutrientes essenciais para o bom funcionamento do corpo e da mente.

Exercício físico regular: A prática regular de exercícios físicos é como o ensaio do dançarino, fortalecendo seus músculos, aumentando sua flexibilidade e lhe dando resistência e vitalidade. O exercício físico libera endorfinas, hormônios que promovem a sensação de bem-estar e reduzem o estresse e a ansiedade.

Sono reparador: O sono é o momento de descanso e recuperação do corpo e da mente, como uma pausa na dança para recarregar as energias. Dormir o suficiente é essencial para a consolidação da memória, a regulação do humor e o equilíbrio emocional.

Gerenciamento do estresse: O estresse crônico é como uma lesão que impede o dançarino de se movimentar com fluidez e graça. Aprender a lidar com o estresse através de técnicas de relaxamento, meditação e respiração consciente é essencial para manter o corpo e a mente em harmonia.

Contato com a natureza: Conectar-se com a natureza é como levar a dança para um cenário inspirador, onde o ar puro, a luz do sol e a beleza natural revigoram o corpo e a mente. Passar tempo ao ar livre, caminhar em parques e jardins, observar o céu e o mar traz paz interior e renova as energias.

Cultivo de relacionamentos saudáveis: As relações interpessoais positivas são como parceiros de dança que nos apoiam, nos inspiram e nos motivam. Cultivar relacionamentos saudáveis com familiares, amigos e colegas contribui para o bem-estar emocional e a felicidade.

Expressão criativa: A expressão criativa, seja através da arte, da música, da escrita ou de qualquer outra forma de manifestação artística, é como dar liberdade à alma do dançarino, permitindo que ele expresse suas emoções, seus pensamentos e sua individualidade.

A dança do bem-estar, onde corpo e mente se conectam em perfeita harmonia, não é um objetivo distante, mas um processo contínuo, feito de escolhas conscientes e hábitos que sustentam nossa vitalidade. Cada pequena ação, desde um momento de respiração profunda até um passo na direção de uma vida mais ativa, contribui para fortalecer esse elo essencial.

Ao nos permitirmos escutar o que nosso corpo e mente precisam, ajustamos o ritmo dessa coreografia. A integração entre práticas simples, como meditação e exercícios físicos, e a valorização de momentos de pausa, nos ensina que equilíbrio é um movimento dinâmico e adaptável, não uma meta estática.

Assim, cultivar essa sincronia é mais do que um ato de autocuidado; é um compromisso com uma existência mais plena e significativa. Como em uma dança bem ensaiada, cada esforço se transforma em graça, e cada instante se torna parte de uma vida vivida em plenitude.

Capítulo 37
Alimentação e Emoções:
Nutrindo o Corpo e a Mente

A alimentação é mais do que a simples ingestão de nutrientes; é uma experiência sensorial e emocional que conecta corpo e mente em uma harmonia essencial. Cada escolha alimentar que fazemos influencia diretamente nossa energia, humor e capacidade de enfrentar os desafios diários. Assim, entender a relação entre o que comemos e o que sentimos é essencial para cultivar saúde e equilíbrio emocional. A prática da alimentação consciente nos permite transformar as refeições em momentos de cuidado e bem-estar, ajudando a alinhar nossos hábitos alimentares com a busca por uma vida plena.

Essa relação íntima entre alimentação e emoções funciona em ambas as direções. Os nutrientes que ingerimos fornecem o substrato para processos biológicos fundamentais, como a produção de neurotransmissores responsáveis pela regulação do humor, do sono e da capacidade de concentração. Por outro lado, estados emocionais, como estresse ou tristeza, podem nos levar a buscar conforto em alimentos menos saudáveis, criando um ciclo que pode impactar negativamente tanto a saúde física quanto mental. Reconhecer essas interações é o primeiro passo para escolhas mais conscientes e equilibradas.

Adotar uma abordagem equilibrada significa enxergar a alimentação como um ato de cuidado integral. Incorporar alimentos ricos em nutrientes que favoreçam a saúde mental, como os que auxiliam na produção de serotonina ou mantêm a microbiota intestinal saudável, é essencial. Ao mesmo tempo, práticas como a atenção plena durante as refeições e o consumo moderado de açúcares e gorduras são ferramentas que ajudam a manter um estado de bem-estar contínuo. Assim, cada refeição se torna uma oportunidade de nutrir não apenas o corpo, mas também a mente e as emoções, promovendo uma vida mais saudável e harmoniosa.

A relação entre alimentação e emoções é uma via de mão dupla. Assim como os alimentos que ingerimos podem afetar nosso estado emocional, nossas emoções também podem influenciar nossas escolhas alimentares. Em momentos de estresse, ansiedade ou tristeza, podemos buscar consolo em alimentos ricos em açúcar, gordura ou sal, que proporcionam uma sensação de prazer imediato, mas podem ter consequências negativas para a saúde a longo prazo.

Harmonizando o banquete da vida:

Nutrientes e neurotransmissores: Os alimentos que ingerimos fornecem os nutrientes essenciais para a produção de neurotransmissores, substâncias químicas que regulam o humor, o sono, a concentração e outras funções cerebrais. O consumo de alimentos ricos em triptofano, como banana, leite e ovos, por exemplo, favorece a produção de serotonina, neurotransmissor relacionado ao bem-estar e à felicidade.

Açúcar e humor: O consumo excessivo de açúcar pode causar picos de glicose no sangue, seguidos de quedas bruscas, o que pode levar à irritabilidade, ansiedade e mudanças de humor. É como uma montanha-russa de energia, com altos e baixos que desequilibram o organismo.

Gorduras saudáveis e saúde mental: O consumo de gorduras saudáveis, como as presentes em peixes, azeite de oliva, abacate e oleaginosas, é essencial para o bom funcionamento do cérebro e a prevenção de transtornos mentais, como a depressão e a ansiedade.

Alimentação e microbiota intestinal: A microbiota intestinal, composta por trilhões de bactérias que habitam nosso intestino, desempenha um papel importante na saúde mental. Uma alimentação rica em fibras, probióticos e prebióticos favorece o equilíbrio da microbiota, o que pode contribuir para a redução do estresse, da ansiedade e da depressão.

Atenção plena à alimentação: Praticar a atenção plena durante as refeições, prestando atenção aos sabores, aromas e texturas dos alimentos, e mastigando com calma e consciência, promove a saciedade, a digestão e o prazer de comer. É como transformar a refeição em um ritual de gratidão e conexão com o presente.

Equilíbrio e moderação: A chave para uma alimentação saudável e equilibrada é a moderação e a variedade. Evite dietas restritivas e radicalismos, e busque uma alimentação que lhe proporcione prazer, energia e bem-estar.

A alimentação, ao refletir nossas emoções e impactar diretamente nossa saúde, torna-se um elo fundamental entre corpo e mente. Cada escolha alimentar é um convite para equilibrar nossos estados emocionais e fortalecer o organismo, transformando o ato de comer em uma ferramenta de autocuidado e autoconhecimento.

Reconhecer os sinais do corpo e as emoções que nos guiam para determinadas escolhas alimentares é um passo poderoso rumo à harmonia. Quando nos tornamos conscientes dessas interações, ampliamos a capacidade de tomar decisões que nutrem não apenas o físico, mas também a alma, cultivando equilíbrio e satisfação em todos os níveis.

Assim, ao unir conhecimento sobre os alimentos e atenção plena às nossas necessidades emocionais, criamos um caminho onde saúde e prazer caminham lado a lado. Cada refeição se transforma em um momento de celebração e conexão, reafirmando o compromisso com uma vida plena e nutrida em todos os sentidos.

Capítulo 38
Exercício Físico e Emoções: Em Movimento para o Bem-Estar

O corpo é uma máquina complexa, capaz de responder de maneira extraordinária ao estímulo do movimento, e o exercício físico é a chave para desbloquear todo o seu potencial. Cada gesto, cada esforço coordenado, gera um impacto profundo não apenas no funcionamento físico, mas também no estado emocional, promovendo uma harmonia essencial entre corpo e mente. A prática regular de exercícios físicos vai além da preparação física; é um processo transformador que fortalece a resiliência, aprimora a vitalidade e alimenta o bem-estar emocional, trazendo equilíbrio e leveza para o dia a dia.

A conexão entre a atividade física e as emoções revela-se como uma troca contínua e poderosa. Assim como o movimento pode ser um catalisador para sensações de alegria, alívio e realização, nossos estados emocionais, por sua vez, moldam a maneira como nos engajamos na prática esportiva. Quando nos sentimos fortalecidos pela motivação ou pela confiança, o exercício físico se torna uma experiência fluida e prazerosa. Em contrapartida, diante de períodos de estresse ou baixa energia, ele pode se configurar como um verdadeiro desafio – mas, ainda assim, uma oportunidade de transformar essas emoções negativas.

Encontrar uma abordagem significativa para integrar a atividade física à rotina é fundamental para explorar seus inúmeros benefícios. Desde a liberação de endorfina, que promove bem-estar e alívio de dores, até a melhoria da qualidade do sono e o fortalecimento das conexões sociais, cada aspecto reforça o impacto positivo de movimentar o corpo. Mais do que um ato de autocuidado, exercitar-se é um compromisso com a saúde integral e um convite para transformar a relação entre corpo e emoções em uma fonte inesgotável de equilíbrio e felicidade.

A relação entre exercício físico e emoções é uma via de mão dupla. Assim como a atividade física pode impactar positivamente nosso estado emocional, nossas emoções também podem influenciar nossa disposição para nos exercitarmos. Quando estamos motivados, alegres e confiantes, a prática de exercícios se torna mais prazerosa e natural. Por outro lado, em momentos de estresse, ansiedade ou tristeza, podemos nos sentir desmotivados e sem energia para nos movimentar.

Encontrando o ritmo do bem-estar:

Endorfina e bem-estar: Durante a prática de exercícios físicos, o corpo libera endorfina, um neurotransmissor que promove a sensação de prazer, bem-estar e redução da dor. É como se o corpo nos recompensasse pelo esforço, com uma dose de alegria e satisfação.

Redução do estresse e da ansiedade: O exercício físico é um aliado poderoso no combate ao estresse e à ansiedade. A atividade física ajuda a regular a produção de hormônios do estresse, como o cortisol, e promove o relaxamento muscular e mental.

Melhora da autoestima e da autoconfiança: A prática regular de exercícios físicos contribui para a melhora da imagem corporal, o aumento da autoestima e o desenvolvimento da autoconfiança. Sentir-se bem com o próprio corpo e perceber sua capacidade de superação traz uma sensação de empoderamento e bem-estar.

Aumento da concentração e do foco: A atividade física melhora a circulação sanguínea e a oxigenação do cérebro, o que contribui para o aumento da concentração, do foco e da memória.

Melhora do sono: A prática regular de exercícios físicos promove um sono mais profundo e reparador, essencial para a recuperação do corpo e da mente.

Socialização e conexão: Praticar exercícios em grupo, como em aulas de dança, yoga ou esportes coletivos, promove a socialização, a interação e o desenvolvimento de relacionamentos saudáveis.

Encontrando a atividade ideal: A escolha da atividade física deve levar em conta seus interesses, suas preferências e suas condições físicas. Experimente diferentes modalidades e encontre aquela que lhe proporciona prazer, motivação e bem-estar.

O movimento é uma linguagem universal do corpo, um caminho para expressar e transformar emoções. Cada exercício realizado com intenção conecta nossos limites físicos às possibilidades emocionais, criando um ciclo virtuoso de energia e equilíbrio que impacta todas as esferas da vida.

Abraçar a atividade física como parte do cotidiano é reconhecer seu poder de reconstruir e fortalecer tanto o corpo quanto a mente. Mesmo nos dias mais desafiadores, pequenos gestos de movimento podem atuar como catalisadores de mudanças internas, dissipando tensões e abrindo espaço para o bem-estar.

Ao encontrar a atividade que ressoe com suas paixões e necessidades, você transforma o exercício em um ritual de celebração da própria força. Nesse processo, o corpo se torna mais ágil, a mente mais clara e o coração mais leve, alinhando-se para uma jornada de saúde integral e alegria contínua.

Capítulo 39
Sono e Emoções:
A Sinfonia do Repouso

O sono é uma experiência vital que atua como um alicerce para o equilíbrio do corpo e da mente, promovendo regeneração, serenidade e a organização das emoções. Ele desempenha um papel fundamental na manutenção da nossa saúde emocional, funcionando como um mecanismo natural de ajuste e cura para os impactos do dia a dia. Com uma influência direta na qualidade de vida, o sono organiza e sincroniza as funções do organismo, criando uma base sólida para enfrentarmos os desafios de cada nova jornada. A maneira como dormimos reflete, em muitos aspectos, a harmonia interna necessária para viver com plenitude e energia.

A conexão entre o sono e as emoções é intrinsecamente complexa, revelando uma relação de mão dupla que afeta profundamente o bem-estar geral. Um descanso adequado regula não apenas os processos cognitivos, mas também sustenta a estabilidade emocional, fortalecendo a resiliência contra o estresse, a ansiedade e as adversidades diárias. Em contraste, a privação de sono desorganiza esse equilíbrio, resultando em instabilidade emocional, irritabilidade e dificuldades na concentração. O sono, portanto, emerge como um aliado indispensável para uma mente saudável e em paz.

Priorizar um ambiente e hábitos que promovam um sono reparador é essencial para otimizar seus benefícios. Um ambiente tranquilo, rotinas relaxantes antes de dormir e o gerenciamento adequado das emoções preparam o terreno para noites mais restauradoras. Além disso, reconhecer quando fatores emocionais ou físicos interferem consistentemente no sono e buscar ajuda especializada são passos fundamentais para proteger essa dimensão vital da vida. Afinal, o sono é a base de nossa harmonia interna, permitindo que corpo e mente operem em sincronia para uma existência equilibrada e plena.

A relação entre sono e emoções é uma dança delicada e profunda. Assim como uma noite mal dormida pode afetar nosso humor, nossa concentração e nossa capacidade de lidar com as emoções, o equilíbrio emocional também influencia a qualidade do nosso sono. Quando estamos ansiosos, estressados ou tristes, o sono pode se tornar fragmentado, superficial e pouco reparador.

Compondo a melodia do sono:

Sono e regulação emocional: Durante o sono, o cérebro processa as emoções vivenciadas ao longo do dia, consolidando memórias, regulando o humor e restaurando o equilíbrio emocional. Uma boa noite de sono nos permite acordar mais dispostos, serenos e preparados para lidar com os desafios do dia a dia.

Privação do sono e irritabilidade: A falta de sono pode levar à irritabilidade, impaciência, dificuldade de concentração e alterações de humor. É como se a orquestra estivesse desafinada, com cada instrumento tocando em um tom diferente, criando uma melodia desarmoniosa.

Insônia e ansiedade: A ansiedade e a insônia muitas vezes se alimentam mutuamente, criando um ciclo vicioso. A ansiedade dificulta o sono, e a falta de sono aumenta a ansiedade, gerando um estado de alerta constante que impede o relaxamento e o repouso.

Sono e depressão: A depressão também pode afetar a qualidade do sono, causando insônia ou sonolência excessiva. O desequilíbrio químico no cérebro que caracteriza a depressão interfere nos ciclos do sono, afetando a produção de hormônios como a melatonina e a serotonina.

Higiene do sono: Criar uma rotina de sono regular, com horários definidos para dormir e acordar, e adotar hábitos que promovem o relaxamento e o sono, como um banho quente, leitura relaxante ou meditação, é como preparar o palco para a apresentação da orquestra do sono.

Ambiente propício ao sono: Um quarto escuro, silencioso e com temperatura agradável é como um auditório aconchegante, que convida ao repouso e ao relaxamento. Evite o uso de eletrônicos antes de dormir, pois a luz azul emitida por esses aparelhos pode interferir na produção de melatonina, hormônio que regula o sono.

Buscando ajuda profissional: Se você sofre de insônia crônica ou outros distúrbios do sono, não hesite em buscar ajuda de um profissional da saúde. Um especialista em sono pode ajudá-lo a identificar as causas do problema e a encontrar soluções para uma noite de sono mais tranquila e reparadora.

O sono, em sua essência, é um ato de entrega que nos reconecta com a harmonia interior. Ele nos oferece uma pausa necessária para que o corpo se regenere e as emoções se acomodem, preparando-nos para o renascimento de cada dia. Quando priorizamos um descanso reparador, criamos espaço para que o equilíbrio entre corpo e mente floresça.

Reconhecer a importância do sono é honrar um ciclo natural que sustenta nossas emoções e capacidades cognitivas. Pequenos ajustes no ambiente, na rotina e no cuidado com o bem-estar emocional podem transformar noites inquietas em momentos de verdadeira restauração, fortalecendo nossa disposição e clareza mental.

Assim, a sinfonia do repouso torna-se um guia indispensável para uma vida mais leve e plena. A cada noite bem dormida, reforçamos os alicerces da nossa saúde, permitindo que a orquestra do corpo e da mente toque em perfeita sintonia para o bem-estar duradouro.

Capítulo 40
Tecnologia e Emoções

A tecnologia se estabeleceu como um elemento central na experiência humana contemporânea, moldando as interações, o aprendizado e a maneira como compreendemos o mundo ao nosso redor. Ela não é apenas uma ferramenta que facilita processos, mas também uma força capaz de transformar vidas, aproximando pessoas, proporcionando acesso a informações e ampliando as fronteiras da criatividade e da inovação. No entanto, a tecnologia não opera isoladamente; sua influência está intrinsecamente ligada às emoções que desperta, às conexões que promove e aos desafios que impõe. Assim, compreender o impacto emocional da tecnologia é essencial para utilizá-la de maneira que enriqueça, em vez de sobrecarregar, nossas vidas.

Ao mesmo tempo que possibilita experiências incríveis, a tecnologia exige de nós um olhar atento para que possamos aproveitá-la de forma equilibrada. É necessário reconhecer que a constante exposição a estímulos digitais pode impactar nossa saúde emocional, influenciar nossa forma de pensar e até alterar a maneira como lidamos com o mundo físico e as relações interpessoais. Dessa forma, mais do que um conjunto de recursos, a tecnologia deve ser vista como uma plataforma que reflete nossas intenções e escolhas. Apenas quando aprendemos a conduzir essa relação de maneira consciente, é que conseguimos direcioná-la para fins que promovam bem-estar, conexão genuína e crescimento pessoal.

Além disso, a tecnologia carrega consigo um paradoxo: ela nos aproxima e, ao mesmo tempo, pode nos distanciar. A capacidade de enviar uma mensagem instantânea para alguém do outro lado do mundo é uma das maiores conquistas do nosso tempo, mas o uso excessivo das telas muitas vezes nos afasta das interações presenciais e dos momentos de verdadeira conexão humana. É fundamental enxergar a tecnologia não como um fim em si mesma, mas como um meio para ampliar nossas capacidades e enriquecer nossas experiências, sem negligenciar as emoções e as necessidades que nos tornam humanos. Assim como um maestro habilidoso deve equilibrar cada som de sua orquestra, cabe a nós aprender a equilibrar os diferentes aspectos da tecnologia em nossas vidas.

A relação entre tecnologia e emoções é uma dança complexa e desafiadora na era digital. Assim como a tecnologia pode nos conectar com pessoas queridas, nos informar e nos entreter, ela também pode nos distrair, nos isolar e nos sobrecarregar com informações e estímulos em excesso. Encontrar o equilíbrio no uso da tecnologia é essencial para cultivar o bem-estar emocional e construir uma relação saudável com o mundo digital.

Afinando a orquestra tecnológica:

Consciência digital: O primeiro passo para uma relação saudável com a tecnologia é desenvolver a consciência digital, ou seja, a capacidade de usar a tecnologia de forma intencional, responsável e consciente de seus impactos em nossas vidas. É como o maestro que estuda a partitura antes do concerto, compreendendo a estrutura da música e o papel de cada instrumento.

Gerenciando o tempo de tela: Estabelecer limites para o tempo gasto em frente às telas é essencial para evitar o excesso de estímulos, a fadiga mental e a privação do sono. É como o maestro que define o tempo de cada movimento da sinfonia, garantindo que a música tenha ritmo e harmonia.

Cultivando relacionamentos reais: Priorizar as interações face a face, o contato humano e os momentos de convivência com pessoas queridas é fundamental para nutrir os laços afetivos e combater o isolamento social. É como o maestro que valoriza a interação entre os músicos, criando uma atmosfera de colaboração e harmonia na orquestra.

Protegendo a privacidade: Estar atento às configurações de privacidade nas redes sociais e aplicativos, e compartilhar informações pessoais com cuidado e responsabilidade, é essencial para proteger sua identidade e sua segurança digital. É como o maestro que protege seus músicos de distrações e interferências externas, permitindo que se concentrem na música.

Filtrando o conteúdo: Ser seletivo com as informações que você consome nas redes sociais e na internet, e evitar o excesso de notícias negativas e conteúdo tóxico, é essencial para proteger sua saúde mental e cultivar emoções positivas. É como o maestro que escolhe as melhores partituras para sua orquestra, selecionando músicas que inspiram, elevam e tocam a alma.

Desconectando para conectar: Reservar momentos do dia para se desconectar do mundo digital, praticar atividades ao ar livre, meditar ou simplesmente relaxar em silêncio, é essencial para recarregar as energias, acalmar a mente e se reconectar consigo mesmo. É como o maestro que concede um intervalo aos músicos, permitindo que descansem e se preparem para a próxima etapa do concerto.

Buscando suporte profissional: Se você sente que o uso da tecnologia está afetando negativamente sua vida, seus relacionamentos ou sua saúde mental, não hesite em buscar ajuda de um profissional. Um terapeuta ou psicólogo pode ajudá-lo a identificar os padrões de comportamento problemáticos e a desenvolver estratégias para uma relação mais saudável com a tecnologia.

A tecnologia, quando usada com equilíbrio e intenção, pode ser uma aliada poderosa na construção de um mundo mais conectado e emocionalmente enriquecido. Contudo, reconhecer seus impactos e limites é essencial para manter o controle sobre como ela influencia nossa mente e nossas relações.

Ao criar espaços para desconexão consciente, priorizamos momentos de presença genuína que reforçam os laços humanos e cultivam o bem-estar.

Assim, a tecnologia se transforma de uma fonte de distração para uma ferramenta que potencializa nossas experiências e apoia nosso crescimento emocional.

Compreender e ajustar essa relação é como afinar um instrumento em uma grande orquestra: cada escolha consciente contribui para uma melodia harmoniosa, na qual o equilíbrio entre o digital e o humano cria uma vida mais plena, conectada e significativa.

Capítulo 41
A Arte da Adaptação

A vida é um fluxo constante, como um rio que atravessa paisagens variadas, desafiando-nos a compreender e a dominar sua dinâmica para avançar com propósito e equilíbrio. Cada mudança representa um momento de transformação inevitável, capaz de redefinir a trajetória de nossas escolhas e de nos tirar do conforto do previsível. Assim como um canoísta em meio às corredeiras, somos convidados a enfrentar as adversidades com coragem, ajustando nossos movimentos à força das circunstâncias que nos cercam. Essa habilidade de adaptação não é apenas uma reação; é uma arte refinada que combina aceitação, flexibilidade e resiliência, permitindo-nos transformar desafios em oportunidades para crescimento pessoal e renovação.

Aceitar a mutabilidade como uma constante é o primeiro passo para navegar pelas águas incertas da existência. Ao reconhecer que a vida está em constante transformação, aprendemos a abandonar a resistência improdutiva e a abraçar o novo como uma oportunidade de aprendizado. Contudo, aceitar não significa resignar-se; implica em observar cada mudança com clareza e buscar formas de agir proativamente. Essa postura é essencial para manter a mente aberta e explorar caminhos que nos ajudem a crescer, mesmo quando somos confrontados com reviravoltas inesperadas.

Além disso, a flexibilidade torna-se uma ferramenta indispensável para ajustar o curso quando o inesperado altera o panorama. Enfrentar mudanças exige a capacidade de reinterpretar os desafios e reformular nossas estratégias para seguir em frente. É nesse contexto que a resiliência brilha como uma qualidade indispensável, garantindo que, após cada queda, haja força para recomeçar. Aliada a essas virtudes, o otimismo atua como uma bússola, apontando para as possibilidades que surgem em cada situação, iluminando o caminho com esperança e propósito. Com autoconhecimento, planejamento e suporte social, conseguimos transformar a arte da adaptação em um guia seguro para enfrentar qualquer correnteza que a vida nos apresente.

As mudanças são inevitáveis, uma constante em um universo em permanente transformação. Elas podem ser planejadas, como uma mudança de casa ou de emprego, ou inesperadas, como uma perda, uma doença ou uma crise global. Independentemente da sua natureza, as mudanças nos tiram da nossa zona de conforto, nos desafiam a reavaliar nossas crenças e valores, e nos impulsionam a crescer e a nos adaptar.

Navegando pelas corredeiras da vida:

Aceitação: O primeiro passo para lidar com as mudanças é aceitá-las como parte natural da vida. Resistir à mudança é como remar contra a correnteza, gastando energia e se frustrando sem necessidade. Aceitar a mudança é como se deixar levar pela correnteza, confiando na força do rio e se adaptando ao seu fluxo.

Flexibilidade: A flexibilidade é a capacidade de se adaptar às novas circunstâncias, de mudar de direção quando necessário e de encontrar soluções criativas para os desafios que surgem. É como o canoísta que usa o remo para manobrar o barco, contornando os obstáculos e seguindo o curso do rio.

Resiliência: A resiliência é a capacidade de se recuperar das adversidades, de aprender com as experiências difíceis e de seguir em frente com força e otimismo. É como o canoísta que, após cair na água, se levanta, entra novamente no barco e continua remando com determinação.

Otimismo: Manter uma perspectiva positiva diante das mudanças, focando nas oportunidades e nas possibilidades que elas trazem, é como ter um farol que ilumina o caminho, guiando-nos em meio à escuridão.

Autoconhecimento: Compreender suas próprias emoções, seus limites e suas necessidades é essencial para navegar pelas mudanças com mais consciência e equilíbrio. É como conhecer o próprio barco, suas capacidades e seus limites, para que possa navegar com segurança.

Planejamento: Quando a mudança é planejada, o planejamento é como um mapa que nos guia em direção ao nosso destino, nos ajudando a nos preparar para os desafios e a organizar os recursos necessários.

Suporte social: Contar com o apoio de pessoas queridas, compartilhar seus sentimentos e buscar ajuda quando necessário é como ter uma equipe de apoio que nos auxilia na navegação, nos dando força e segurança para enfrentar as corredeiras.

A arte da adaptação é, acima de tudo, uma celebração da nossa capacidade de evoluir diante das mudanças inevitáveis da vida. Cada desafio enfrentado com aceitação e flexibilidade fortalece nossas habilidades para fluir com as circunstâncias, transformando incertezas em novos começos e oportunidades.

Ao desenvolver resiliência e cultivar o otimismo, aprendemos a encarar o inesperado como um convite para crescer e redescobrir nosso potencial. Nesse processo, o autoconhecimento e o apoio daqueles que amamos tornam-se bússolas indispensáveis, guiando-nos com clareza e confiança.

Assim, navegamos pelas águas imprevisíveis da existência, não como vítimas das correntes, mas como mestres do nosso percurso, conduzindo a embarcação da vida com coragem, propósito e a arte de transformar cada mudança em um passo rumo à realização plena.

Capítulo 42
A Bússola da Inteligência Emocional

A vida é uma jornada repleta de decisões que moldam nosso caminho, e a inteligência emocional é o instrumento essencial que nos guia através dessa complexidade. Cada escolha que fazemos é uma oportunidade de alinhar nossas ações com nossos valores, superar desafios e encontrar significado em nossa trajetória. Ao compreender o papel fundamental das emoções em nossas decisões, tornamo-nos navegadores mais conscientes e eficazes, capazes de construir uma vida coerente com nossos objetivos e aspirações.

A inteligência emocional atua como um sistema de navegação interno, permitindo-nos interpretar os sinais das emoções e utilizá-las como ferramentas de discernimento. Ela não apenas nos ajuda a compreender como nos sentimos diante de uma escolha, mas também a avaliar como nossas emoções influenciam nossas percepções e prioridades. Por meio dessa habilidade, transformamos a tomada de decisão em um processo que equilibra lógica e intuição, racionalidade e sensibilidade.

Mais do que um simples recurso, a inteligência emocional nos capacita a reconhecer nossos medos, dúvidas e incertezas sem permitir que eles dominem nossa trajetória. Ela promove a autoconfiança necessária para encarar escolhas difíceis e a flexibilidade para ajustar nossa rota conforme os desafios surgem. Essa combinação de autoconhecimento, análise consciente e gestão emocional é o que nos permite navegar por cenários complexos com clareza e determinação, mantendo-nos conectados aos nossos verdadeiros propósitos.

Tomar decisões é uma arte que requer não apenas racionalidade e lógica, mas também a capacidade de compreender e gerenciar as emoções. As emoções influenciam nossas percepções, moldam nossas prioridades e nos impulsionam em direção a certas escolhas. A inteligência emocional nos permite usar as emoções como aliadas no processo de tomada de decisão, nos ajudando a fazer escolhas mais conscientes, equilibradas e autênticas.

Mapeando o caminho das decisões:

Autoconhecimento: O primeiro passo para tomar decisões mais conscientes é se conhecer profundamente, compreendendo seus valores, suas necessidades, seus desejos e seus objetivos de vida. É como identificar o ponto de partida no mapa, o lugar de onde você está partindo e para onde deseja chegar.

Clareza e foco: Defina claramente o que você deseja alcançar com sua decisão, quais são seus objetivos e quais são os critérios mais importantes a serem considerados. É como traçar a rota no mapa, definindo o destino e os pontos de referência ao longo do caminho.

Análise racional: Avalie as diferentes opções, pondere os prós e os contras de cada uma, e busque informações relevantes que possam ajudá-lo a fazer uma escolha mais informada. É como estudar o mapa com atenção, identificando os diferentes caminhos, os obstáculos e os recursos disponíveis.

Intuição e emoções: Preste atenção à sua intuição, aos seus sentimentos e às sensações que cada opção lhe causa. As emoções podem nos dar pistas valiosas sobre qual caminho é o mais alinhado com nossos valores e nossas necessidades mais profundas. É como sentir a direção do vento, que pode nos guiar em meio à neblina.

Gerenciamento do medo: O medo pode nos paralisar diante de decisões importantes, nos impedindo de arriscar e de seguir em frente. Reconheça seus medos, mas não se deixe dominar por eles. Lembre-se de que a coragem não é a ausência de medo, mas sim a capacidade de agir apesar dele.

Confiança e autoeficácia: Acredite em sua capacidade de fazer a escolha certa, de lidar com as consequências da sua decisão e de aprender com seus erros. A confiança em si mesmo é como o leme do navio, que nos mantém no curso certo, mesmo em meio às tempestades.

Flexibilidade e adaptação: Nem sempre as coisas saem como planejamos. Esteja aberto a mudar de direção, a reavaliar suas escolhas e a se adaptar às novas circunstâncias. A flexibilidade é como a vela do navio, que se ajusta à direção do vento, nos impulsionando em direção ao nosso destino.

A inteligência emocional é a bússola que nos mantém alinhados aos nossos valores e propósitos enquanto navegamos pelas complexidades da vida. Ela nos ensina que cada decisão carrega não apenas uma escolha racional, mas também uma ressonância emocional que precisa ser acolhida e compreendida.

Ao integrar autoconhecimento, intuição e análise consciente, adquirimos a habilidade de agir com clareza, mesmo diante das incertezas. Essa prática não apenas fortalece nossa capacidade de decisão, mas também nos permite criar caminhos mais autênticos e significativos em nossa jornada.

Com inteligência emocional como guia, aprendemos a ajustar nossas velas, enfrentar as tempestades e aproveitar os ventos favoráveis. Assim, seguimos adiante, construindo uma trajetória que reflete não apenas quem somos, mas também quem desejamos nos tornar, com confiança, equilíbrio e determinação.

Capítulo 43
Alinhando Emoções com Objetivos

A vida pode ser compreendida como uma jornada cuidadosamente planejada, em que cada decisão tomada estabelece o curso que nos conduz ao alcance de nossos sonhos e metas. Nesse cenário, os objetivos desempenham o papel de um roteiro claro, apontando a direção certa, enquanto as emoções funcionam como a força motriz que alimenta nosso progresso. Estabelecer uma conexão harmoniosa entre as emoções e os objetivos é o diferencial que transforma a caminhada rumo aos nossos propósitos em uma experiência mais fluida e eficiente. Assim como um navegador ajusta as velas para aproveitar o vento a favor, alinhar as emoções com os objetivos permite que avancemos de maneira mais equilibrada e alinhada ao que realmente importa.

Reconhecer a importância das emoções na busca por metas é fundamental para alcançar resultados consistentes e satisfatórios. Elas não são meros impulsos ou reações momentâneas, mas sim indicadores poderosos de nossos desejos e valores mais profundos. Quando utilizamos nossas emoções como aliadas no processo de definição de metas, estamos fortalecendo nossa capacidade de manter o foco e a motivação, mesmo diante de desafios e mudanças inevitáveis. Dessa forma, conseguimos transformar potenciais obstáculos em oportunidades de aprendizado e crescimento pessoal, sem perder de vista a direção definida.

Ao integrar emoção e razão no planejamento de nossas metas, criamos uma base sólida para decisões mais conscientes e eficazes. Isso significa reconhecer que cada passo na direção de nossos objetivos deve refletir não apenas o que queremos alcançar, mas também quem somos e o que nos move internamente. Essa abordagem permite uma relação mais saudável com o processo, promovendo autoconhecimento e aumentando as chances de perseverança ao longo do caminho. A jornada, então, deixa de ser apenas uma busca incessante por resultados e se torna uma experiência enriquecedora em si mesma.

Por fim, alinhar emoções e objetivos é um convite para viver de maneira mais autêntica e plena. Esse alinhamento não elimina os desafios, mas nos prepara para enfrentá-los com resiliência e confiança, sabendo que estamos navegando com propósito e clareza. Assim como um navegador confia no equilíbrio entre vento, maré e direção para alcançar seu destino, aqueles que ajustam suas emoções para harmonizar-se com suas metas descobrem uma fonte renovável de energia e inspiração. Essa integração é a chave para transformar sonhos em realidade e construir uma trajetória de realizações genuínas e significativas.

Definir metas é um processo essencial para dar direção e propósito à vida. Metas claras e bem definidas nos motivam a agir, a superar os obstáculos e a persistir em nossos esforços. No entanto, definir metas não é suficiente. É preciso que essas metas estejam alinhadas com nossas emoções, com nossos valores e com nossos desejos mais profundos. Quando há essa sintonia entre razão e emoção, a jornada se torna mais prazerosa, significativa e realizadora.

Traçando a rota da vida:

Sonhos e aspirações: O ponto de partida para definir metas é se conectar com seus sonhos e aspirações, com aquilo que realmente importa para você. É como escolher o destino da viagem, o lugar que você anseia conhecer e explorar.

Valores e propósitos: As metas que definimos devem estar alinhadas com nossos valores e propósitos de vida, com aquilo que nos dá sentido e direção. É como escolher o tipo de navio que irá levá-lo ao seu destino, aquele que representa seus ideais e suas crenças.

Metas SMART: As metas devem ser específicas, mensuráveis, alcançáveis, relevantes e com prazo definido. Essa metodologia, conhecida como SMART, nos ajuda a definir metas mais claras, objetivas e realistas. É como traçar a rota no mapa com precisão, definindo as coordenadas, a distância a ser percorrida e o tempo estimado de chegada.

Visualização: Visualizar a si mesmo alcançando suas metas, experimentando as emoções positivas e os benefícios que elas trarão, é como sentir o vento soprando nas velas, impulsionando o navio em direção ao destino. A visualização criativa é uma ferramenta poderosa para fortalecer a motivação e a confiança.

Planejamento e ação: Definir metas sem agir é como ter um mapa sem sair do lugar. É preciso traçar um plano de ação, definir as etapas a serem seguidas e se comprometer com a realização das tarefas necessárias. É como levantar âncora, izar as velas e começar a navegar em direção ao horizonte.

Flexibilidade e adaptação: Nem sempre o caminho é linear e previsível. Esteja preparado para mudar de rota, reavaliar suas metas e se adaptar às novas circunstâncias. A flexibilidade é como a capacidade do navegador de ajustar as velas do navio às mudanças do vento, mantendo o curso em direção ao destino.

Celebração e reconhecimento: Reconhecer e celebrar cada etapa vencida, cada obstáculo superado e cada meta alcançada é como fazer uma festa a bordo do navio, reconhecendo o esforço e a dedicação da tripulação. A celebração renova as energias e fortalece a motivação para continuar a jornada.

Alinhar emoções com objetivos é uma jornada que une razão e coração em uma trajetória autêntica e transformadora. Esse equilíbrio nos permite avançar com clareza, nutrindo uma conexão profunda entre nossos sonhos e as ações que nos levam a eles. Ao ouvir nossas emoções, descobrimos motivações genuínas que tornam cada passo mais significativo e recompensador.

Ao integrar valores pessoais, planejamento estratégico e a capacidade de adaptação, criamos um caminho que reflete quem realmente somos. A resiliência e a flexibilidade nos tornam navegadores habilidosos, capazes de ajustar o curso sem perder de vista o destino, mesmo em meio aos ventos imprevisíveis da vida.

Com esse alinhamento, a busca pelos objetivos deixa de ser apenas uma meta a ser alcançada e se transforma em uma experiência de crescimento e celebração. A cada conquista, reafirmamos nosso propósito, renovamos nossas energias e fortalecemos a certeza de que, com razão e emoção em harmonia, o horizonte de nossos sonhos está sempre ao nosso alcance.

Capítulo 44
Superando Traumas

Um trauma pode ser descrito como uma marca profunda na alma, uma experiência que desafia nossa capacidade de lidar com as adversidades e deixa rastros na forma de dores emocionais e psicológicas. A superação de um trauma não é apenas um desejo, mas uma necessidade para restaurar o equilíbrio interno, redescobrir a força interior e retomar o controle sobre a própria vida. Enfrentar traumas exige coragem e um compromisso com a própria cura, um processo que envolve não apenas reconhecer a dor, mas transformá-la em aprendizado e crescimento. Essa jornada, embora desafiadora, é a chave para a ressignificação de nossas experiências e a construção de uma vida mais resiliente e significativa.

Os traumas psicológicos, muitas vezes, emergem de eventos inesperados e avassaladores, como acidentes, violência, perdas irreparáveis ou desastres naturais, que ameaçam diretamente nossa integridade física ou emocional. Essas experiências podem desencadear respostas intensas, como medo, desamparo e isolamento, que persistem mesmo após o término do evento traumático. As consequências são variadas e podem incluir sintomas como ansiedade constante, dificuldade em dormir, pensamentos intrusivos ou até mesmo desafios para estabelecer relações interpessoais saudáveis. No entanto, reconhecer essas manifestações como partes de um processo natural é essencial para começar a caminhada rumo à cura e à liberdade emocional.

Superar um trauma não é sobre esquecer ou apagar o passado, mas sobre construir novos significados e abrir caminhos para uma vida mais leve e plena. Isso envolve buscar apoio profissional, adotar práticas de autocuidado e investir em estratégias terapêuticas que ajudem a processar as memórias difíceis. Assim, ao se envolver com esse processo, a dor do trauma pode se transformar em uma poderosa ferramenta de autodescoberta e fortalecimento pessoal. Não importa o quão longa e desafiadora a jornada possa parecer, ela carrega em si a promessa de um futuro repleto de possibilidades e de um reencontro com a paz interior.

Um trauma psicológico é uma resposta emocional intensa a um evento avassalador que ameaça a nossa integridade física ou emocional. Acidentes, violência, abuso, perdas significativas, desastres naturais – esses são alguns exemplos de eventos que podem causar traumas psicológicos. As feridas de um trauma podem se manifestar de diversas formas, como ansiedade, depressão, insônia, pesadelos, flashbacks, dificuldade de concentração e problemas de relacionamento.

Trilhando o caminho da cura:

Reconhecer e aceitar o trauma: O primeiro passo para superar um trauma é reconhecê-lo e aceitá-lo como parte da sua história. Negar ou reprimir a dor do trauma é como tentar esconder uma ferida aberta, impedindo que ela se cure. Reconhecer o trauma é como limpar a ferida, permitindo que o processo de cura se inicie.

Buscar apoio profissional: Superar um trauma pode ser um processo desafiador, e buscar ajuda de um profissional da saúde mental é fundamental para receber o suporte e a orientação necessários. Um terapeuta qualificado pode lhe oferecer um espaço seguro para explorar suas emoções, compreender os impactos do trauma e desenvolver estratégias de enfrentamento.

Técnicas terapêuticas: Existem diversas abordagens terapêuticas que podem auxiliar na superação de traumas, como a terapia cognitivo-comportamental (TCC), a terapia EMDR (Dessensibilização e Reprocessamento por Movimentos Oculares) e a terapia somática. Essas terapias utilizam técnicas específicas para processar as memórias traumáticas, reduzir os sintomas de ansiedade e estresse pós-traumático, e promover a regulação emocional.

Autocuidado: Cuidar de si mesmo é essencial durante o processo de cura de um trauma. Priorize hábitos saudáveis, como uma alimentação equilibrada, a prática regular de exercícios físicos, o sono adequado e o contato com a natureza. Dedique tempo a atividades que lhe tragam prazer e relaxamento, como a leitura, a música, o contato com amigos e familiares.

Autocompaixão: Seja gentil e compreensivo consigo mesmo durante essa jornada. Reconheça que você está passando por um momento difícil e que é natural sentir dor, medo e insegurança. Trate-se com a mesma compaixão e cuidado que você ofereceria a um amigo querido.

Ressignificação: A superação de um trauma pode ser uma oportunidade para ressignificar a experiência dolorosa, encontrando aprendizados e transformando a dor em força e resiliência. É como transformar a ferida em uma cicatriz que conta uma história de superação e coragem.

Reconstrução: Após o processo de cura, é hora de reconstruir a vida com base em novos alicerces, mais fortes e resilientes. Defina novas metas, busque novos sonhos, cultive relacionamentos saudáveis e abrace a vida com renovada esperança e confiança.

Superar um trauma é um ato de coragem e renovação, uma jornada que transforma feridas profundas em marcos de superação e força. Reconhecer a dor e buscar apoio são passos fundamentais para abrir espaço para a cura, permitindo que memórias difíceis se tornem aprendizados e que emoções intensas encontrem equilíbrio.

À medida que o processo de autocompaixão e autocuidado se desenvolve, o trauma deixa de ser uma sombra opressiva e se torna uma parte da história pessoal que nos torna mais resilientes e conscientes de nosso poder de transformação. Essa ressignificação é um convite para descobrir novos significados na vida e construir uma relação mais saudável consigo mesmo e com os outros.

Cada passo no caminho da cura é um lembrete de que, mesmo diante das adversidades mais desafiadoras, é possível encontrar a paz interior e criar um futuro repleto de possibilidades, guiado pela força interior que floresce no coração de quem escolhe seguir em frente.

Capítulo 45
Lidando com a Perda

Lidar com a perda é uma experiência que envolve enfrentar a interrupção abrupta de algo ou alguém que marcou profundamente nossa existência. Assim como uma tempestade que devasta o jardim da vida, a perda nos confronta com a destruição do que conhecíamos e valorizávamos, exigindo que lidemos com os destroços emocionais e espirituais deixados para trás. No entanto, mais do que um momento de sofrimento, essa experiência marca o início de um processo complexo e transformador, onde a dor da ausência é ressignificada em memória, aprendizado e reconstrução. Esse percurso é uma parte essencial da condição humana, sendo tanto um desafio quanto uma oportunidade de autodescoberta e crescimento.

A perda manifesta-se de diferentes formas — seja pela morte de um ente querido, pela dissolução de um relacionamento, pela perda de um emprego, de um sonho ou mesmo de uma fase importante da vida. Independentemente de sua natureza, ela nos força a reavaliar nossa percepção de estabilidade e segurança, desafiando-nos a encontrar significado na ausência. Esse processo exige um mergulho profundo em nossas emoções, onde o luto atua como um espaço seguro para expressar o que sentimos e começar a compreender o impacto daquilo que se foi. Não se trata apenas de superar, mas de integrar a perda como parte da nossa história, reconhecendo seu papel na construção de quem somos.

À medida que caminhamos pelo vale do luto, somos chamados a cultivar um equilíbrio entre aceitar a realidade irreversível e reconstruir nossas vidas com novos significados. Este percurso requer compaixão consigo mesmo, paciência e coragem para acolher as lembranças e a saudade sem se deixar paralisar por elas. Honrar aquilo que se perdeu, seja por meio de rituais, memórias ou ações que mantenham viva sua essência, é uma forma de transformar a dor em uma força de renovação. Assim, o processo de lidar com a perda não é apenas um ato de resistência, mas também uma jornada de recriação, onde, aos poucos, o jardim devastado começa a florescer novamente.

A perda é uma experiência universal, uma parte inevitável da vida. Podemos perder pessoas queridas, relacionamentos, empregos, bens materiais, a saúde, os sonhos, a juventude. Cada perda deixa uma marca em nossa história, uma cicatriz que nos lembra da fragilidade da vida e da importância de valorizar cada momento.

Atravessando o vale do luto:

Permitir-se sentir a dor: Negar ou reprimir a dor da perda é como tentar conter a tempestade, impedindo que ela siga seu curso natural. Permitir-se sentir a dor, chorar, lamentar, expressar sua tristeza e sua saudade é como deixar a chuva cair, lavando a alma e limpando o terreno para a renovação.

Respeitar o seu tempo: O processo de luto é único para cada pessoa e não há um tempo determinado para que ele se conclua. Respeite seu próprio ritmo, sem se comparar com os outros ou se cobrar por "superar" a perda rapidamente. É como esperar que o solo seque naturalmente após a chuva, sem forçar o processo.

Cuidar de si mesmo: Em meio à dor da perda, é fundamental priorizar o autocuidado. Alimente-se de forma saudável, pratique exercícios físicos regularmente, durma o suficiente e reserve tempo para atividades que lhe tragam conforto e relaxamento. É como nutrir as plantas do jardim com água e luz, ajudando-as a se recuperar da tempestade.

Honrar a memória: Encontrar formas de honrar a memória daquilo que se perdeu pode trazer conforto e ajudar no processo de cura. Criar um memorial, escrever uma carta de despedida, compartilhar histórias e lembranças com pessoas queridas são formas de manter viva a conexão com o que se foi. É como plantar uma nova flor no jardim, em homenagem àquela que se perdeu.

Aceitar a nova realidade: A perda nos obriga a aceitar uma nova realidade, um mundo sem a presença daquilo que se foi. Essa aceitação não significa esquecer ou deixar de amar, mas sim encontrar uma forma de seguir em frente, integrando a perda à sua história e construindo um novo capítulo na sua vida. É como redesenhar o jardim, criando um novo paisagismo que honre o passado e abrace o futuro.

Buscar apoio social: Compartilhar sua dor com pessoas queridas, buscar grupos de suporte ou recorrer à ajuda de um profissional da saúde mental pode lhe oferecer o conforto, a compreensão e o apoio necessários para atravessar o processo de luto. É como receber a ajuda de outros jardineiros para reconstruir o jardim após a tempestade.

Encontrar um novo propósito: A perda pode nos levar a questionar o sentido da vida e a buscar novos propósitos e motivações. Encontrar novas paixões, se dedicar a causas sociais, ajudar o próximo ou se conectar com a espiritualidade podem trazer um novo sentido à vida e ajudar a reencontrar a alegria e a esperança. É como descobrir novas sementes para plantar no jardim, cultivando a vida com renovado entusiasmo.

Lidar com a perda é um processo que exige entrega e coragem, um convite para honrar o que se foi enquanto se constrói algo novo. Permitir-se viver a dor é essencial, pois cada lágrima derramada é parte do caminho que nos conduz à aceitação e ao reencontro com nossa força interior.

Ao integrar memórias com novos significados, cultivamos um terreno fértil para o florescimento de novas esperanças. Com paciência e cuidado, começamos a enxergar além da tempestade, percebendo que a essência do que amamos permanece viva em nossas ações, lembranças e transformações.

Essa jornada de reconstrução nos ensina que, mesmo diante da ausência, é possível redescobrir alegria e propósito. No jardim da vida, as flores que perdemos abrem espaço para novas sementes, renovando o ciclo da existência e fortalecendo nossa capacidade de seguir adiante com coragem e amor.

Capítulo 46
Aceitação:
Abraçando a Realidade com Serenidade

A aceitação é a habilidade de acolher a vida como ela se apresenta, sem resistências ou julgamentos, permitindo que cada experiência, emoção ou pensamento flua com naturalidade. Ela não exige resignação, mas sim um ato consciente de reconhecimento e integração da realidade, compreendendo que o universo segue seu curso com ou sem nossa intervenção. Assim como um rio que atravessa montanhas e vales, a aceitação nos convida a observar e viver plenamente cada momento, entendendo que as mudanças e impermanências fazem parte da existência. A resistência, por sua vez, torna-se o peso que nos impede de aproveitar a leveza do fluxo da vida.

Aceitar a realidade é um exercício de coragem e sabedoria, um convite para nos relacionarmos com nossas emoções e pensamentos de maneira mais compassiva. Esse processo começa quando abandonamos a luta contra aquilo que não podemos mudar, reconhecendo as circunstâncias como elas são. Não significa desistir ou se acomodar, mas sim perceber que, ao aceitar, liberamos energia para transformar o que está ao nosso alcance e para lidar com o que está além de nosso controle. A aceitação nos conecta ao presente, permitindo que reconheçamos as belezas e desafios de cada instante como parte de um todo maior e harmônico.

Na prática, aceitar envolve um olhar gentil para nossas imperfeições, entendendo que elas não nos definem, mas enriquecem nossa jornada. É um ato de profunda autoaceitação e amor-próprio, ao mesmo tempo que amplia nossa compaixão pelos outros e pelo mundo ao redor. É permitir que os altos e baixos da vida coexistam, como o contraste necessário para que possamos apreciar plenamente a beleza da existência. Ao aceitar, encontramos serenidade mesmo nas adversidades, e descobrimos que a paz interior não está na ausência de desafios, mas na forma como nos relacionamos com eles.

A aceitação não é passividade ou resignação. É uma escolha consciente de abraçar a realidade como ela é, com seus altos e baixos, suas alegrias e tristezas, seus acertos e erros. É reconhecer que a vida é um fluxo constante de mudanças, e que a resistência a esse fluxo apenas gera tensão e sofrimento.

Encontrando a paz na aceitação:

Aceitar as emoções: A aceitação começa com a aceitação das próprias emoções, sejam elas agradáveis ou desagradáveis. É permitir-se sentir a alegria, a tristeza, a raiva, o medo, sem julgamentos ou resistência. É como observar as ondas do mar, deixando-as vir e ir sem tentar controlá-las.

Aceitar os pensamentos: Assim como as emoções, os pensamentos também vêm e vão, como nuvens que passam pelo céu da mente. Aceitar os pensamentos é observá-los sem se identificar com eles, sem se deixar levar por eles. É como observar as nuvens passando, sem tentar agarrá-las ou afastá-las.

Aceitar as imperfeições: A aceitação implica em reconhecer e aceitar as próprias imperfeições, seus limites e suas fragilidades. É abandonar a busca pela perfeição e se amar como você é, com seus defeitos e qualidades. É como aceitar as pedras no caminho do rio, reconhecendo que elas fazem parte da paisagem.

Aceitar o presente: Aceitar o presente é viver o aqui e agora, sem se prender ao passado ou se preocupar com o futuro. É apreciar a beleza do momento presente, com seus desafios e suas oportunidades. É como se banhar nas águas do rio, sentindo sua temperatura, seu movimento, sua energia.

Aceitar a mudança: A mudança é a única constante na vida. Aceitar a mudança é se adaptar ao fluxo da vida, deixar ir o que já não serve mais e abraçar o novo com coragem e curiosidade. É como seguir o curso do rio, confiando que ele o levará a novos horizontes.

Aceitar a incerteza: A vida é cheia de incertezas, e tentar controlar tudo é uma ilusão. Aceitar a incerteza é confiar na sabedoria da vida, se entregar ao fluxo do universo e aceitar que nem tudo está sob nosso controle. É como navegar pelo rio sem saber exatamente o que o espera adiante, mas confiando que a correnteza o levará a um bom lugar.

Aceitação e espiritualidade: Para muitas pessoas, a aceitação está profundamente ligada à espiritualidade.

A crença em uma força superior, em um propósito maior ou em uma ordem cósmica pode trazer conforto e aceitação diante das dificuldades da vida. É como se sentir parte de algo maior, confiando que o rio da vida deságua em um oceano de amor e sabedoria.

A aceitação é a chave que abre as portas para uma existência mais leve e significativa. Ao acolher a realidade como ela é, sem resistências ou julgamentos, nos libertamos da carga emocional de lutar contra o incontrolável. Essa entrega consciente nos conecta ao momento presente, onde reside a verdadeira serenidade.

Aceitar as mudanças, os altos e baixos e as incertezas é reconhecer que somos parte de um fluxo contínuo, onde cada experiência, seja ela desafiadora ou enriquecedora, contribui para nosso crescimento. Nesse movimento, aprendemos que a paz interior nasce da harmonia com a realidade e não da sua negação.

Essa prática nos ensina a caminhar pela vida com mais compaixão por nós mesmos e pelos outros, transformando desafios em aprendizados e imperfeições em beleza. Assim, o ato de aceitar não é uma renúncia, mas uma celebração do que significa estar plenamente vivo, fluindo como o rio que sempre encontra o seu caminho.

Capítulo 47
Explorando as Profundezas da Psique

A mente humana pode ser compreendida como um vasto e complexo sistema, em que apenas uma pequena parte está acessível à percepção consciente. Os pensamentos e emoções que identificamos no dia a dia formam a superfície de uma estrutura muito mais profunda, repleta de memórias, crenças e emoções que operam silenciosamente no inconsciente. A exploração desse território oculto não é apenas uma viagem introspectiva; é uma oportunidade de revelar as raízes de padrões de comportamento, superar barreiras internas e acessar a riqueza de recursos que moldam a essência de quem somos. Essa jornada de autodescoberta é, ao mesmo tempo, desafiadora e transformadora, permitindo-nos acessar camadas inexploradas de nossa psique para promover crescimento e liberdade.

O processo de autoconhecimento profundo exige coragem para confrontar o desconhecido. Ao mergulharmos na imensidão do inconsciente, nos deparamos com conteúdos reprimidos que podem estar influenciando nossas decisões e emoções. Essas descobertas, por vezes desconfortáveis, são fundamentais para a transformação. Identificar os padrões que regem nossas ações e reconhecer crenças limitantes nos oferece uma visão clara sobre o que tem nos impedido de alcançar nosso potencial. Esse entendimento não apenas ilumina o caminho para o crescimento pessoal, mas também nos prepara para lidar de forma mais consciente e assertiva com os desafios da vida.

Mais do que um simples exercício de introspecção, explorar a mente humana envolve reconhecer que ela é composta de dimensões arquetípicas e simbólicas. Os arquétipos, como figuras universais de sabedoria e transformação, nos ajudam a compreender os papéis que desempenhamos e os desafios que enfrentamos. Já os símbolos, ao traduzirem os mistérios do inconsciente em formas compreensíveis, tornam-se guias indispensáveis nessa jornada. A integração de nossas sombras – os aspectos que rejeitamos ou negamos em nós mesmos – é um passo essencial para alcançar um estado de equilíbrio. Quando acolhemos essas partes de nossa psique, descobrimos a capacidade de transformar vulnerabilidades em forças e medos em aprendizado.

Assim, a exploração das profundezas da psique não é apenas uma busca por respostas, mas uma caminhada rumo à liberdade e à realização. Ao nos conectarmos com os aspectos mais profundos de nossa mente, adquirimos ferramentas para redesenhar nosso presente e construir um futuro alinhado com nossa essência.

O autoconhecimento profundo vai além da simples identificação das emoções e pensamentos superficiais. É uma busca pela compreensão da nossa essência, da nossa história, das forças que nos motivam e dos medos que nos limitam. É uma jornada de autodescoberta que nos permite desvendar o labirinto da nossa mente e nos libertar das amarras do passado.

Mergulhando nas profundezas:

Exploração do inconsciente: O inconsciente é um reservatório de memórias, emoções, crenças e experiências que influenciam nosso comportamento sem que tenhamos consciência deles. Através de técnicas como a psicanálise, a hipnose e a meditação, podemos acessar o inconsciente e trazer à tona conteúdos reprimidos que podem estar bloqueando nosso crescimento e nossa felicidade.

Identificação de padrões: Muitas vezes, repetimos padrões de comportamento disfuncionais sem perceber, como se estivéssemos presos em um ciclo vicioso. O autoconhecimento profundo nos permite identificar esses padrões, compreender suas origens e desenvolver estratégias para quebrá-los.

Crenças limitantes: Crenças limitantes são como correntes que nos prendem ao passado, impedindo-nos de alcançar nosso potencial. O autoconhecimento profundo nos permite identificar essas crenças, questioná-las e substituí-las por crenças mais empoderadoras.

Sombra interior: Todos nós temos uma sombra interior, uma parte de nós que rejeitamos ou escondemos, composta por aspectos que consideramos negativos ou inaceitáveis. Integrar a sombra é aceitar essas partes de nós mesmos, compreendê-las e transformá-las em forças positivas.

Arquétipos e símbolos: Os arquétipos são padrões universais de comportamento e experiência que se manifestam em nossa psique, como o herói, a mãe, o sábio, a sombra. Os símbolos são imagens e metáforas que representam esses arquétipos e nos conectam com dimensões mais profundas do nosso ser. Compreender os arquétipos e os símbolos que nos habitam é como desvendar a linguagem do inconsciente, acessando a sabedoria ancestral que reside em nós.

Jornada do herói: A jornada do herói é uma metáfora para o processo de autoconhecimento e transformação pessoal. Assim como o herói enfrenta desafios, supera obstáculos e retorna transformado de sua jornada, nós também podemos nos aventurar em uma jornada interior de autodescoberta, enfrentando nossos medos, curando nossas feridas e despertando nosso potencial máximo.

Explorar as profundezas da psique é embarcar em uma jornada íntima e transformadora, onde cada descoberta nos aproxima de nossa essência. À medida que desvendamos os mistérios do inconsciente, adquirimos a clareza necessária para compreender padrões, integrar nossas sombras e acessar recursos internos que antes pareciam fora de alcance.

Essa busca não é linear, mas rica em aprendizado. Ao reconhecer e aceitar tanto nossas forças quanto nossas vulnerabilidades, abrimos caminho para uma conexão mais genuína com nós mesmos. Nesse processo, arquétipos e símbolos tornam-se aliados preciosos, traduzindo o incompreensível em insights que iluminam nossa jornada.

O mergulho na psique não apenas revela quem somos, mas também quem podemos nos tornar. É uma travessia de autodescoberta e empoderamento, onde as profundezas de nossa mente se transformam em um vasto oceano de possibilidades, guiando-nos rumo à liberdade e à realização plena.

Capítulo 48
Inteligência Social

A sociedade funciona como uma intrincada rede de relações humanas, onde cada indivíduo desempenha um papel único, ligado a outros por fios invisíveis de interação e dependência mútua. A inteligência social é a capacidade de compreender essas conexões e agir com habilidade e sensibilidade, fortalecendo vínculos, promovendo o entendimento mútuo e contribuindo para o bem-estar coletivo. Mais do que uma simples aptidão, ela representa um conjunto sofisticado de competências que possibilitam interpretar as dinâmicas sociais, construir relacionamentos saudáveis e criar um impacto positivo tanto em pequenos círculos quanto em comunidades mais amplas.

Essa habilidade vai além de um comportamento educado ou de uma comunicação eficaz; trata-se de enxergar as relações como um todo, identificando padrões e necessidades que muitas vezes estão implícitos. Ao desenvolver a inteligência social, uma pessoa se torna capaz de decifrar nuances emocionais e sociais, transformando interações cotidianas em oportunidades para aprofundar laços e resolver conflitos. É como fortalecer uma teia de relações, onde cada fio representa confiança, empatia e colaboração, criando uma estrutura mais robusta e resiliente.

Ao aplicarmos a inteligência social no dia a dia, promovemos um ambiente de respeito mútuo e crescimento conjunto. Compreender emoções alheias e agir com compaixão permite construir pontes sólidas entre as pessoas, enquanto uma comunicação clara e assertiva facilita o entendimento e resolve divergências de forma pacífica. Essa rede de habilidades não só nos ajuda a enfrentar desafios interpessoais, mas também nos posiciona como agentes de transformação social, prontos para inspirar e liderar com ética, empatia e propósito.

A inteligência social vai além das habilidades sociais básicas, como a comunicação e a empatia. É uma combinação de competências que nos permitem compreender as dinâmicas sociais, construir relacionamentos saudáveis, resolver conflitos de forma construtiva e contribuir para um mundo mais justo e compassivo.

Tecendo a teia das relações:

Compreensão social: A inteligência social começa com a capacidade de compreender o comportamento humano, as emoções, as motivações e as interações sociais. É como observar a teia com atenção, identificando os diferentes tipos de fios, suas texturas e suas conexões.

Empatia e compaixão: Colocar-se no lugar do outro, compreender seus sentimentos e perspectivas, e demonstrar compaixão e solidariedade são habilidades essenciais para construir relacionamentos autênticos e significativos. É como escolher os fios mais macios e resistentes para tecer a teia, aqueles que proporcionam conforto e suporte.

Comunicação eficaz: Comunicar-se de forma clara, assertiva e respeitosa, expressando suas ideias, necessidades e emoções de forma construtiva, é fundamental para estabelecer conexões genuínas e resolver conflitos de forma pacífica. É como usar uma linguagem comum que permite que todos os nós da teia se compreendam e se conectem.

Cooperação e colaboração: Trabalhar em equipe, compartilhando responsabilidades, respeitando as diferenças e buscando soluções em conjunto, é essencial para o sucesso de qualquer grupo ou comunidade. É como unir forças para construir uma teia mais forte e resistente, capaz de suportar os ventos e as tempestades.

Liderança inspiradora: Líderes com inteligência social inspiram, motivam e guiam seus seguidores com visão, empatia e ética. Eles criam um ambiente de confiança e colaboração, onde cada indivíduo se sente valorizado e motivado a contribuir para o bem comum. É como ser o ponto central da teia, irradiando energia e direcionando o fluxo das relações.

Resolução de conflitos: Conflitos são inevitáveis nas relações humanas, mas a forma como lidamos com eles pode fortalecer ou enfraquecer os laços. A inteligência social nos permite enfrentar os conflitos com calma, respeito e uma busca por soluções que beneficiem a todos os envolvidos. É como reparar os danos na teia, refazendo as conexões com mais força e resiliência.

Construção de comunidade: A inteligência social nos impulsiona a contribuir para o bem-estar da comunidade, a promover a justiça social e a construir um mundo mais harmonioso e sustentável. É como expandir a teia, criando novas conexões e fortalecendo os laços entre os indivíduos.

A inteligência social é o alicerce de uma convivência humana mais rica, harmoniosa e significativa. Ela nos capacita a enxergar além das palavras e ações, interpretando as emoções, intenções e necessidades que moldam as interações. Ao cultivá-la, transformamos nossos relacionamentos em fontes de aprendizado mútuo e construção coletiva.

Essa habilidade nos ensina que cada fio da rede social que tecemos é essencial, e que atos de empatia, compaixão e comunicação sincera têm o poder de fortalecer as conexões humanas. Por meio dela, somos capazes de resolver conflitos com respeito, liderar com integridade e criar ambientes em que todos se sintam valorizados.

Ao aplicarmos a inteligência social, ampliamos nosso impacto no mundo, ajudando a tecer uma sociedade mais justa, colaborativa e acolhedora. Nesse processo, descobrimos que o verdadeiro poder está em nossas conexões e na capacidade de transformar cada interação em uma oportunidade de crescimento e harmonia.

Capítulo 49
Liderança e Gestão Emocional

Um líder é a essência que orienta equipes e organizações em meio às incertezas e desafios, oferecendo direção, propósito e inspiração. Liderança não é apenas sobre guiar; é sobre criar um ambiente de confiança e crescimento, onde as pessoas se sentem valorizadas e motivadas a alcançar o melhor de si. Para isso, a gestão emocional se torna um componente indispensável, funcionando como a força estabilizadora que permite ao líder enfrentar pressões, compreender as emoções alheias e agir com equilíbrio em qualquer circunstância.

A gestão emocional, integrada à liderança, é mais do que apenas controlar reações; trata-se de uma habilidade que combina autoconhecimento, empatia e inteligência emocional para construir conexões genuínas. Líderes que dominam essa competência não apenas lidam com desafios, mas também transformam obstáculos em oportunidades de aprendizado e progresso. Eles demonstram uma presença que inspira confiança, enquanto mantêm a clareza necessária para tomar decisões em momentos críticos.

Em sua essência, a liderança com gestão emocional vai além de liderar com a mente: ela incorpora o coração. Isso significa que, ao liderar, é fundamental entender as motivações e necessidades dos outros, promover um ambiente de apoio mútuo e comunicar-se com propósito. Essa abordagem cria uma base sólida para o sucesso coletivo, fazendo do líder não apenas um guia, mas uma fonte de estabilidade e esperança mesmo nos períodos mais tempestuosos.

Liderança e gestão emocional se complementam como duas faces da mesma moeda. Um líder que domina a arte da gestão emocional é capaz de se conectar com seus seguidores em um nível mais profundo, inspirando-os a dar o seu melhor, a superar os desafios e a alcançar resultados extraordinários. É o líder que guia com o coração, com empatia, compaixão e inteligência emocional.

Iluminando o caminho da liderança:

Autoconhecimento: O líder que se conhece profundamente, que compreende suas forças, fraquezas, valores e propósitos, tem uma base sólida para liderar com autenticidade e confiança. É como o farol que conhece sua própria estrutura, seus limites e suas capacidades, e que se mantém firme mesmo em meio às tempestades.

Empatia: A empatia é a capacidade de se colocar no lugar do outro, de compreender seus sentimentos, necessidades e perspectivas. Um líder empático é capaz de criar conexões genuínas com seus seguidores, inspirando confiança, lealdade e colaboração. É como o farol que emite sua luz em todas as direções, guiando os navios que se aproximam de diferentes pontos do horizonte.

Comunicação inspiradora: A comunicação é a ferramenta mais poderosa de um líder. Um líder que se comunica com clareza, paixão e propósito é capaz de inspirar, motivar e mobilizar seus seguidores em direção a um objetivo comum. É como o farol que emite sinais claros e precisos, orientando os navios em meio à escuridão.

Inteligência emocional: A inteligência emocional é a capacidade de compreender e gerenciar as emoções, tanto as próprias quanto as dos outros. Um líder com inteligência emocional é capaz de criar um clima de confiança, respeito e colaboração, onde as pessoas se sentem à vontade para expressar suas ideias, compartilhar seus sentimentos e trabalhar em equipe. É como o farol que mantém sua luz acesa mesmo em meio às tempestades, oferecendo segurança e estabilidade aos navios que navegam em suas proximidades.

Motivação: Um líder motivador é capaz de despertar o entusiasmo, a paixão e o comprometimento de seus seguidores, inspirando-os a dar o seu melhor e a buscar a excelência. É como o farol que guia os navios em direção a portos seguros e prósperos, onde podem reabastecer suas energias e se preparar para novas jornadas.

Resiliência: A resiliência é a capacidade de se recuperar das adversidades, de aprender com os erros e de seguir em frente com força e otimismo. Um líder resiliente é um exemplo de superação para seus seguidores, mostrando que é possível enfrentar os desafios e sair mais forte das dificuldades. É como o farol que resiste aos ventos fortes e às ondas gigantes, mantendo-se firme e iluminando o caminho mesmo nas condições mais adversas.

Visão e propósito: Um líder com visão e propósito é capaz de inspirar seus seguidores com um futuro promissor, mostrando-lhes o caminho a seguir e dando-lhes um sentido de direção. É como o farol que guia os navios em direção a um destino grandioso, um lugar onde podem realizar seus sonhos e contribuir para um mundo melhor.

Liderar com gestão emocional é iluminar caminhos em meio à incerteza, oferecendo não apenas direção, mas também estabilidade e inspiração. Um líder que integra autoconhecimento, empatia e inteligência emocional torna-se uma âncora para sua equipe, ajudando-a a enfrentar desafios com confiança e resiliência.

Essa abordagem transforma a liderança em um ato de conexão humana. Ao ouvir com empatia, comunicar-se com clareza e liderar pelo exemplo, o líder cria um ambiente onde o potencial de cada indivíduo pode florescer. Mais do que resultados, ele cultiva um senso de pertencimento e propósito que fortalece tanto o grupo quanto seus objetivos.

Assim, a liderança com gestão emocional não é apenas uma habilidade prática, mas um compromisso com o crescimento mútuo. É a luz que guia equipes e organizações para além das tempestades, sempre em direção a portos mais seguros, promissores e repletos de possibilidades.

Capítulo 50
Gestão Emocional no Mundo Moderno

O mundo contemporâneo é um ambiente acelerado e multifacetado, marcado por inovações constantes, um fluxo interminável de informações e desafios crescentes para nossa saúde emocional. Nesse contexto, a gestão emocional emerge como uma habilidade indispensável, permitindo que enfrentemos os altos e baixos da vida moderna com resiliência e equilíbrio. Trata-se de um guia interno, que ajuda a manter o foco em meio à enxurrada de estímulos, promovendo escolhas conscientes e alinhadas aos nossos valores mais profundos.

Diante de uma rotina cada vez mais conectada e exigente, a capacidade de gerenciar emoções vai além de aliviar o estresse momentâneo. Ela envolve desenvolver uma consciência profunda sobre nossos sentimentos, identificar gatilhos emocionais e cultivar práticas que promovam o bem-estar mental. Essa habilidade nos auxilia a estabelecer limites saudáveis no uso da tecnologia, a evitar o desgaste emocional causado pela sobrecarga de informações e a construir uma relação mais equilibrada com o ambiente digital e social em que vivemos.

Adotar a gestão emocional no dia a dia é um passo essencial para enfrentar os desafios da modernidade. Ela nos ajuda a encontrar propósito em meio à instabilidade, a priorizar relações autênticas e a cultivar hábitos que sustentem a saúde mental e emocional. Dessa forma, mesmo no ritmo frenético do mundo atual, podemos criar um espaço de equilíbrio e autocuidado, tornando-nos protagonistas de uma vida mais consciente, conectada e significativa.

O mundo moderno nos apresenta uma série de desafios inéditos para a nossa saúde emocional. A aceleração do ritmo de vida, a sobrecarga de informações, a conexão constante com o mundo digital, a competitividade acirrada e a incerteza do futuro podem gerar um estado de alerta constante, com riscos de ansiedade, estresse crônico e esgotamento emocional. A gestão emocional se torna, portanto, uma ferramenta indispensável para navegar por esse território complexo e construir uma vida mais equilibrada, saudável e significativa.

Navegando pelos desafios da era digital:

Consciência emocional na era digital: O primeiro passo para a gestão emocional no mundo moderno é desenvolver a consciência das próprias emoções e dos impactos da tecnologia em nosso bem-estar. É como observar o mapa da metrópole com atenção, identificando os pontos de risco, as áreas de congestionamento e os caminhos mais tranquilos.

Gerenciando a sobrecarga de informações: A internet e as redes sociais nos bombardeiam com uma torrente incessante de informações, notícias e estímulos visuais. Aprender a filtrar o conteúdo, a selecionar as fontes confiáveis e a desconectar quando necessário é essencial para proteger a saúde mental e evitar o esgotamento. É como escolher os melhores caminhos para evitar o trânsito caótico e chegar ao seu destino com mais rapidez e tranquilidade.

Cultivando a atenção plena: Em um mundo repleto de distrações, a atenção plena se torna um refúgio de paz e concentração. Praticar a meditação, a respiração consciente e outras técnicas de mindfulness nos ajuda a acalmar a mente, a reduzir o estresse e a vivenciar o momento presente com mais plenitude. É como encontrar um oásis de paz em meio à agitação da metrópole, um lugar para recarregar as energias e se reconectar consigo mesmo.

Construindo relacionamentos significativos: Em um mundo cada vez mais individualista e virtual, cultivar relacionamentos reais, baseados na conexão humana, no apoio mútuo e na empatia, é essencial para a saúde emocional e a felicidade. É como criar uma rede de apoio na metrópole, com pessoas que nos acolhem, nos inspiram e nos ajudam a enfrentar os desafios.

Encontrando propósito e significado: Em um mundo em constante transformação, encontrar um propósito de vida, uma missão que nos motive e nos dê direção, é fundamental para cultivar a esperança, o otimismo e a resiliência. É como ter um destino claro em mente, um lugar que nos inspire a seguir em frente e a superar os obstáculos.

Desenvolvendo a adaptabilidade: O mundo moderno é um ambiente em constante mutação, que exige flexibilidade, criatividade e capacidade de adaptação. Aprender a lidar com as mudanças, a abraçar o novo e a se reinventar diante dos desafios é essencial para navegar pelas incertezas do futuro com mais confiança e serenidade. É como ser um explorador urbano, desbravando os novos territórios da metrópole com curiosidade e coragem.

Cuidando da saúde mental: Priorizar a saúde mental é fundamental para enfrentar os desafios do mundo moderno com equilíbrio e bem-estar. Cultivar hábitos saudáveis, como a prática de exercícios físicos, a alimentação consciente, o sono reparador e o contato com a natureza, é como construir um refúgio de paz e tranquilidade em meio ao caos da metrópole.

A gestão emocional no mundo moderno é uma arte essencial para manter o equilíbrio em um cenário repleto de estímulos, demandas e mudanças rápidas. Essa habilidade nos convida a desacelerar, cultivar consciência sobre nossos sentimentos e encontrar ferramentas que nos ajudem a navegar pela complexidade do presente com serenidade e propósito.

Ao aplicar práticas como atenção plena, autocuidado e priorização de conexões humanas autênticas, construímos um refúgio interno capaz de nos proteger da sobrecarga do cotidiano. Nesse espaço de equilíbrio, podemos tomar decisões mais conscientes, preservar nossa saúde emocional e encontrar significado em cada desafio enfrentado.

Assim, mesmo em meio ao ritmo frenético da vida contemporânea, a gestão emocional nos possibilita traçar um caminho mais harmonioso e significativo.

Com ela, transformamos as adversidades do mundo moderno em oportunidades de crescimento e aprendizado, fortalecendo nossa capacidade de viver com presença, propósito e bem-estar.

Capítulo 51
Gestão Emocional na Prática

A gestão emocional não é apenas um conceito teórico ou uma habilidade a ser utilizada em momentos específicos; é uma prática que se manifesta em cada decisão, interação e desafio enfrentado diariamente. Assim como um artesão que utiliza suas ferramentas para criar algo único e belo, integrar as ferramentas da gestão emocional no cotidiano é essencial para construir uma vida mais equilibrada e significativa. Essa abordagem prática transforma a teoria em ação e permite que cada escolha reflita intencionalidade e autoconsciência.

Incorporar a gestão emocional no dia a dia começa com a atenção plena ao presente e ao impacto das emoções em nossas atitudes e relacionamentos. Reconhecer padrões emocionais e utilizá-los como guias para ajustes conscientes é fundamental para manter o equilíbrio mesmo em situações adversas. Da organização da rotina ao manejo de conflitos, aplicar a comunicação assertiva, a empatia e a regulação emocional permite transformar as interações cotidianas em oportunidades de crescimento e conexão genuína.

Essa prática contínua também envolve o cultivo de emoções positivas e o desenvolvimento de resiliência diante das dificuldades. Seja ao adotar a gratidão como uma forma de enxergar a vida com mais clareza e propósito, ou ao encarar desafios como oportunidades de aprendizado, a gestão emocional oferece uma base sólida para a realização pessoal. Integrar essas ferramentas no dia a dia é mais do que uma escolha; é um compromisso de viver de forma consciente, promovendo bem-estar para si mesmo e para aqueles ao redor.

A gestão emocional não se resume a conceitos abstratos e exercícios isolados. É uma prática contínua, um estilo de vida que se manifesta em cada escolha, em cada relacionamento, em cada desafio. É como um jardineiro que cuida do seu jardim com dedicação e amor, podando as ervas daninhas, regando as flores e cultivando um solo fértil para o florescimento da vida.

Aplicando a gestão emocional no cotidiano:

Rotina consciente: Comece o dia com uma prática de mindfulness, como a meditação ou a respiração consciente, para acalmar a mente e se conectar com o presente. Ao longo do dia, preste atenção às suas emoções, seus pensamentos e suas reações. Observe os gatilhos que desencadeiam emoções negativas e busque utilizar as ferramentas de regulação emocional que você aprendeu.

Relacionamentos saudáveis: Aplique os princípios da comunicação assertiva, da empatia e da compaixão em seus relacionamentos com familiares, amigos, colegas de trabalho e parceiros amorosos. Comunique suas necessidades e opiniões de forma clara e respeitosa, busque compreender o ponto de vista do outro e cultive laços de afeto e confiança.

Gerenciando o estresse: Utilize as técnicas de relaxamento, organização do tempo e resolução de problemas para lidar com o estresse do dia a dia. Defina prioridades, delegue tarefas, estabeleça limites e reserve tempo para o lazer e o descanso.

Cultivando emoções positivas: Pratique a gratidão, o perdão, a autocompaixão e o pensamento positivo para nutrir sua saúde emocional e cultivar a felicidade. Concentre-se nas bênçãos da vida, nas pessoas que você ama, nas experiências positivas e nas suas qualidades e conquistas.

Superando desafios: Utilize a resiliência, a autoconfiança e a persistência para superar os desafios e as adversidades que a vida lhe apresenta. Lembre-se de que os obstáculos são oportunidades de aprendizado e crescimento, e que você tem a força interior necessária para superá-los.

Buscando autoconhecimento: Continue a explorar o seu mundo interior, seus pensamentos, emoções, valores e crenças. Invista em seu autoconhecimento através da leitura, da reflexão, da meditação, da terapia ou de outras práticas que lhe permitam se conhecer cada vez mais profundamente.

Aprendendo com a experiência: A cada dia, a cada interação, a cada desafio, você tem a oportunidade de aprender e crescer. Esteja aberto a novas experiências, a novos conhecimentos e a novas perspectivas. A vida é uma escola constante, e cada momento é uma oportunidade de aprender e evoluir.

A gestão emocional na prática é uma jornada de autodescoberta e transformação, onde cada momento do dia se torna uma oportunidade para cultivar equilíbrio, resiliência e bem-estar. Incorporá-la na rotina significa agir com intenção e consciência, utilizando ferramentas como atenção plena, comunicação assertiva e resiliência para enfrentar desafios e nutrir relações significativas.

Pequenos hábitos, como começar o dia com um momento de silêncio ou gratidão, podem redefinir a forma como encaramos o mundo. Aplicar empatia nas interações e enxergar os obstáculos como oportunidades de crescimento são passos fundamentais para viver de maneira mais conectada e equilibrada.

Ao praticar a gestão emocional diariamente, transformamos nossa perspectiva e fortalecemos nossa capacidade de lidar com as complexidades da vida. Esse compromisso contínuo nos permite florescer como indivíduos e inspirar os outros ao nosso redor, criando um impacto positivo que se estende muito além de nós mesmos.

Capítulo 52
Criando um Plano de Ação

Elaborar um plano de ação para a gestão emocional é como traçar o projeto de uma construção cuidadosamente planejada, onde cada detalhe contribui para criar um ambiente de equilíbrio e crescimento. Essa abordagem prática permite transformar intenções em ações concretas, guiando cada passo rumo a uma vida mais plena e consciente. Um plano eficaz começa com a definição clara de objetivos pessoais, que servirão como o alicerce para toda a estrutura, proporcionando direção e propósito à jornada de autodesenvolvimento.

O primeiro passo é avaliar o terreno: um exame sincero de suas emoções, habilidades e desafios atuais. Identificar pontos fortes e áreas que necessitam de melhorias é fundamental para selecionar as ferramentas mais adequadas. Cada técnica escolhida, seja a prática de mindfulness, exercícios físicos ou estratégias de comunicação assertiva, deve alinhar-se aos seus objetivos e estilo de vida, formando a base para hábitos consistentes e sustentáveis.

A implementação do plano exige monitoramento contínuo e flexibilidade para ajustes ao longo do caminho. Revisar os avanços, reconhecer conquistas e recalibrar estratégias são etapas indispensáveis para manter a motivação e garantir o sucesso. Ao celebrar cada progresso, você reforça sua dedicação e constrói, tijolo por tijolo, uma "casa interior" que reflete equilíbrio, bem-estar e resiliência emocional. Assim, seu plano de ação se torna não apenas um guia, mas um reflexo do seu compromisso com uma vida mais harmoniosa e significativa.

Um plano de ação é um guia personalizado que o auxilia a colocar em prática os conhecimentos adquiridos sobre gestão emocional. Ele serve como um mapa para sua jornada de autoconhecimento e transformação, orientando suas escolhas, motivando suas ações e celebrando suas conquistas.

Construindo sua casa interior:

Definição de metas: Comece definindo seus objetivos de forma clara e específica. O que você deseja alcançar com a gestão emocional? Quais aspectos da sua vida você deseja melhorar? Quais habilidades você deseja desenvolver? É como definir o tipo de casa que você deseja construir, o número de cômodos, o estilo arquitetônico, as funcionalidades que são importantes para você.

Autoavaliação: Faça uma autoavaliação sincera e completa das suas habilidades de gestão emocional. Quais são seus pontos fortes? Quais são seus pontos fracos? Quais são os principais desafios que você enfrenta em relação às suas emoções? É como avaliar o terreno onde a casa será construída, identificando as características do solo, a inclinação do terreno, os obstáculos a serem superados.

Escolha das ferramentas: Com base em seus objetivos e na sua autoavaliação, selecione as ferramentas de gestão emocional mais adequadas para você. Quais técnicas de relaxamento você prefere? Quais práticas de mindfulness lhe atraem? Quais habilidades de comunicação você precisa desenvolver? É como escolher os materiais de construção, as ferramentas e os equipamentos que serão utilizados na obra.

Criação de hábitos: Incorpore as ferramentas escolhidas à sua rotina diária, criando hábitos saudáveis que promovam o equilíbrio emocional. Estabeleça horários para a prática da meditação, da respiração consciente, do exercício físico, da leitura ou de qualquer outra atividade que lhe ajude a cultivar o bem-estar. É como construir os hábitos de cuidar da sua casa, limpando, organizando, fazendo a manutenção preventiva para garantir sua durabilidade e conforto.

Monitoramento e avaliação: Monitore seu progresso regularmente, avaliando se as ferramentas e os hábitos que você escolheu estão lhe ajudando a alcançar seus objetivos. Esteja aberto a ajustar seu plano de ação sempre que necessário, adaptando-o às suas necessidades e aos seus avanços. É como acompanhar a obra da sua casa, fazendo as adaptações necessárias durante o processo de construção para garantir que o resultado final seja o desejado.

Celebração das conquistas: Reconheça e celebre cada passo dado, cada meta alcançada, cada hábito incorporado. A celebração é uma forma de se motivar a continuar a jornada e de reconhecer seus esforços e seu progresso. É como comemorar a conclusão da sua casa, organizando uma festa de inauguração para celebrar a conquista e compartilhar a alegria com as pessoas queridas.

Criar um plano de ação para a gestão emocional é um compromisso de transformação pessoal que nos capacita a viver com mais consciência, equilíbrio e propósito. Essa construção exige autoconhecimento e dedicação, mas também oferece a oportunidade de criar uma base sólida para o bem-estar emocional e a resiliência.

Ao integrar ferramentas práticas em sua rotina e acompanhar seu progresso com regularidade, você transforma intenções em resultados tangíveis. Cada ajuste no percurso reflete sua capacidade de adaptação e fortalece sua jornada. Reconhecer e celebrar as conquistas, por menores que sejam, é essencial para manter a motivação e reforçar sua confiança.

Esse plano não é apenas um guia, mas um reflexo do seu compromisso com uma vida mais plena. Tijolo por tijolo, você constrói um espaço interno de serenidade e força, onde o equilíbrio emocional se torna uma prática viva e duradoura. Essa casa interior será seu refúgio, seu alicerce e sua expressão mais autêntica de quem você é.

Capítulo 53
Expandindo seu Kit de Gestão Emocional

Ampliar o conjunto de ferramentas para a gestão emocional é como adicionar novos instrumentos ao repertório de um artesão experiente, permitindo-lhe criar com ainda mais precisão, profundidade e versatilidade. À medida que exploramos novas técnicas e recursos, ampliamos nossa capacidade de lidar com os desafios emocionais e nutrimos uma abordagem mais rica e consciente em relação ao nosso bem-estar. Essa expansão não apenas diversifica as possibilidades, mas também personaliza o cuidado emocional para atender às nossas necessidades únicas.

A base desse processo é a curiosidade e a experimentação. Livros, artigos e recursos educacionais oferecem janelas para novas ideias e abordagens, conectando-nos a perspectivas diferentes e inspiradoras. Tecnologias como aplicativos e plataformas digitais podem ser aliadas valiosas, disponibilizando ferramentas práticas e acessíveis, como meditações guiadas e diários interativos. Paralelamente, cursos, workshops e grupos de suporte nos colocam em contato com outras pessoas em jornadas semelhantes, criando um espaço de aprendizado mútuo e troca enriquecedora.

É importante lembrar que a gestão emocional é uma jornada contínua e adaptativa. Terapias tradicionais ou complementares, como yoga, meditação e práticas artísticas, podem ser integradas para aprofundar a conexão com nosso interior. Ao mesmo tempo, a simplicidade de momentos na natureza ou a expressão criativa em artes diversas contribuem para um equilíbrio mais pleno. Com cada recurso explorado, você não apenas constrói um kit de gestão emocional mais robusto, mas também refina sua capacidade de cultivar resiliência, equilíbrio e realização em cada aspecto da vida.

Assim como um artesão escolhe as ferramentas mais adequadas para cada etapa da sua criação, você também pode selecionar os recursos que melhor se adaptam às suas necessidades e aos seus objetivos. Experimente, explore, descubra novas formas de nutrir sua saúde emocional e construir uma vida mais plena e significativa.

Expandindo seu arsenal de bem-estar:

Livros e artigos: A leitura é uma fonte inesgotável de conhecimento e inspiração. Explore livros e artigos sobre gestão emocional, psicologia positiva, mindfulness, neurociência, espiritualidade e outros temas que lhe interessem. A leitura pode lhe oferecer novas perspectivas, expandir seus horizontes e lhe apresentar novas ferramentas e técnicas.

Aplicativos e plataformas digitais: A tecnologia pode ser uma aliada poderosa na gestão emocional. Existem diversos aplicativos e plataformas digitais que oferecem meditações guiadas, exercícios de respiração, programas de desenvolvimento pessoal, diários de gratidão e outras ferramentas para o cultivo do bem-estar.

Cursos e workshops: Participar de cursos e workshops sobre gestão emocional pode lhe proporcionar uma experiência de aprendizado mais imersiva e interativa. Nesses espaços, você pode compartilhar experiências com outras pessoas, aprender com instrutores qualificados e se aprofundar em temas específicos.

Grupos de suporte: Compartilhar experiências e se conectar com pessoas que enfrentam desafios semelhantes pode ser uma fonte de apoio, inspiração e motivação. Procure grupos de suporte em sua comunidade ou online, onde você possa se sentir à vontade para compartilhar seus sentimentos, receber e oferecer apoio, e aprender com as experiências dos outros.

Terapia e acompanhamento profissional: A terapia é um espaço seguro e confidencial para explorar questões emocionais, comportamentais e relacionais com o auxílio de um profissional qualificado. Um terapeuta pode lhe ajudar a identificar padrões de comportamento disfuncionais, a desenvolver habilidades de gestão emocional e a construir uma vida mais saudável e equilibrada.

Práticas complementares: Explore práticas complementares que promovem o bem-estar físico, mental e emocional, como yoga, meditação, acupuntura, massagem, aromaterapia e outras terapias integrativas.

Contato com a natureza: A natureza é uma fonte inesgotável de paz, beleza e renovação. Reserve tempo para se conectar com a natureza, seja caminhando em um parque, observando o mar, cuidando de um jardim ou simplesmente contemplando a beleza do céu estrelado.

Expressão artística: A arte é uma forma poderosa de expressão emocional, criatividade e autoconhecimento. Explore diferentes formas de expressão artística, como a pintura, a música, a dança, a escrita, o teatro, e descubra novas formas de se conectar com suas emoções e dar vazão à sua criatividade.

Expandir seu kit de gestão emocional é uma oportunidade de enriquecer sua jornada com novas ferramentas, técnicas e práticas que ressoem com sua essência. Cada recurso explorado se torna um aliado na construção de uma vida mais equilibrada, conectada e significativa, ajudando a enfrentar desafios emocionais com maior versatilidade e confiança.

À medida que experimentamos novos caminhos – seja por meio da leitura, tecnologia, arte ou natureza – descobrimos camadas mais profundas de autoconsciência e bem-estar. Essa expansão nos convida a integrar saberes diversos, criando um arsenal emocional único que reflete nossa individualidade e nos conecta a uma rede mais ampla de experiências humanas.

Com curiosidade e abertura, cada ferramenta adicionada ao seu kit transforma sua prática de gestão emocional em uma arte viva. Essa evolução contínua não apenas fortalece sua resiliência, mas também abre portas para novas formas de expressão, aprendizado e conexão com o mundo ao seu redor.

Capítulo 54
Mantendo o Equilíbrio

A gestão emocional é como uma maratona que exige preparo, disciplina e constância. Para manter o equilíbrio emocional a longo prazo, é essencial estabelecer hábitos consistentes que sirvam como base para uma vida mais tranquila e saudável. Assim como um corredor de longa distância ajusta seu ritmo para evitar o esgotamento, nós também precisamos encontrar um ritmo adequado para cuidar do corpo, da mente e das emoções, mantendo a constância mesmo em meio a desafios.

O equilíbrio emocional é sustentado por práticas simples e eficazes. Reservar momentos para meditação ou respiração consciente, adotar uma alimentação equilibrada e priorizar o sono são pilares fundamentais. Essas práticas não apenas fortalecem a capacidade de lidar com o estresse diário, mas também criam uma base sólida para a resiliência. Além disso, o reconhecimento e a celebração das pequenas conquistas no caminho da gestão emocional são formas de reforçar a motivação e cultivar o otimismo, garantindo energia renovada para continuar a jornada.

A chave para manter o equilíbrio está em permanecer flexível e adaptável. Assim como um maratonista ajusta sua estratégia dependendo das condições do percurso, precisamos nos ajustar às mudanças da vida. Flexibilidade nos permite superar obstáculos, redefinir metas e continuar com leveza. Ao cultivar essa abordagem dinâmica e consciente, construímos uma base estável para uma vida emocionalmente equilibrada, plena de propósito e satisfação.

Assim como um maratonista se prepara para a corrida com treinos regulares, alimentação adequada e descanso suficiente, nós também precisamos cultivar hábitos que nos ajudem a manter o equilíbrio emocional ao longo da vida. Esses hábitos são como combustível para nossa jornada, nos dando energia, resistência e vitalidade para enfrentar os desafios e seguir em frente com leveza e determinação.

Correndo a maratona da vida:

Ritmo e constância: Assim como um maratonista mantém um ritmo constante para não se esgotar antes do final da corrida, na gestão emocional também é importante cultivar a constância e a disciplina. Pratique a meditação, a respiração consciente, o exercício físico e outros hábitos saudáveis com regularidade, mesmo quando se sentir desmotivado ou sem tempo. A constância é a chave para construir uma base sólida de bem-estar e resiliência.

Hidratação e nutrição: Assim como um maratonista se hidrata e se alimenta adequadamente durante a corrida, na gestão emocional também é fundamental nutrir o corpo e a mente com alimentos saudáveis, água e bons pensamentos. Uma dieta equilibrada, rica em frutas, verduras e legumes, fornece os nutrientes essenciais para o bom funcionamento do corpo e do cérebro. Cultivar pensamentos positivos, praticar a gratidão e se conectar com pessoas queridas nutre a alma e fortalece o espírito.

Descanso e recuperação: Assim como um maratonista precisa de descanso para recuperar as energias e prevenir lesões, na gestão emocional também é essencial priorizar o sono, o relaxamento e os momentos de paz e quietude. O sono reparador permite que o corpo e a mente se regenerem, e os momentos de relaxamento ajudam a reduzir o estresse e a ansiedade.

Superando os obstáculos: Assim como um maratonista enfrenta subidas, descidas e outros obstáculos ao longo do percurso, na vida também encontramos desafios e dificuldades que testam nossa resistência e nossa determinação. Utilizar as ferramentas da gestão emocional, como a resiliência, a persistência e o otimismo, nos ajuda a superar esses obstáculos e a seguir em frente com mais força e confiança.

Foco no objetivo: Assim como um maratonista mantém o foco na linha de chegada, na gestão emocional é importante manter o foco nos seus objetivos e nas suas motivações. Lembre-se dos seus sonhos, dos seus valores e dos benefícios que uma vida equilibrada e feliz pode lhe proporcionar. O foco nos mantém motivados e nos dá força para continuar a jornada.

Adaptação e flexibilidade: Assim como um maratonista precisa se adaptar às condições climáticas, ao terreno e aos imprevistos que podem surgir durante a corrida, na gestão emocional também é importante ser flexível e se adaptar às mudanças e aos desafios que a vida nos apresenta. A flexibilidade nos permite ajustar nosso ritmo, mudar de estratégia e seguir em frente com mais leveza e eficiência.

Celebração e gratidão: Assim como um maratonista celebra a conquista de chegar à linha de chegada, na gestão emocional é importante celebrar cada etapa vencida, cada hábito incorporado, cada aprendizado conquistado. A gratidão pelas pequenas vitórias e pelos progressos alcançados nos enche de alegria, motivação e energia para continuar a jornada.

Manter o equilíbrio emocional é um compromisso contínuo, semelhante a uma maratona em que cada passo fortalece nossa resiliência e nos aproxima de uma vida mais plena e satisfatória. Práticas diárias consistentes, como cuidar do corpo, nutrir a mente e cultivar emoções positivas, formam o alicerce dessa jornada.

A flexibilidade é essencial para ajustar o ritmo diante dos imprevistos, permitindo-nos avançar com leveza e confiança. Reconhecer que os desafios fazem parte do percurso nos ajuda a encará-los como oportunidades de aprendizado e crescimento, reforçando nossa determinação.

Celebrar cada conquista, por menor que seja, nos conecta ao propósito da jornada e renova nossa energia para seguir em frente. Com ritmo constante, adaptação e gratidão, construímos um equilíbrio emocional duradouro, que nos sustenta em todas as etapas da maratona da vida.

Capítulo 55
Colhendo os Frutos da Gestão Emocional

O percurso pelo universo da gestão emocional é uma jornada de autoconhecimento e transformação que nos recompensa com frutos valiosos. Relações mais saudáveis, maior resiliência diante dos desafios, uma paz interior duradoura e um propósito renovado são apenas alguns dos tesouros conquistados ao dominar a arte de gerenciar emoções. Assim como um agricultor que dedica tempo e paciência ao cultivo de sua terra, colheremos os benefícios do cuidado constante com nossa saúde emocional.

À medida que avançamos nessa jornada, percebemos que ela não tem um ponto final, mas sim um fluxo contínuo de aprendizado e crescimento. A gestão emocional é um compromisso diário, um processo dinâmico de ajuste e evolução. É como cuidar de um jardim: ao podar o que não serve mais, regar com regularidade e dar atenção às necessidades das flores e plantas, garantimos que o ambiente floresça em harmonia e beleza.

Que as ferramentas e aprendizados adquiridos ao longo dessa trajetória continuem guiando cada decisão, cada relação e cada desafio que surgir. Lembre-se de que o mapa dessa jornada está em suas mãos, e as escolhas feitas hoje definirão o futuro que você deseja construir. Com dedicação e confiança em sua capacidade de aprender e crescer, a gestão emocional será uma aliada essencial em sua jornada pela vida, ajudando-o a criar um caminho mais consciente, equilibrado e significativo.

Assim como um agricultor que cultiva a terra com dedicação e paciência, colhendo os frutos do seu trabalho ao longo das estações, nós também podemos colher os frutos da gestão emocional em nossa vida cotidiana. Relações mais saudáveis, maior resiliência diante dos desafios, bem-estar físico e mental, paz interior, autoconhecimento, felicidade e propósito – esses são alguns dos tesouros que podemos encontrar ao dominar a arte de navegar pelas emoções.

A gestão emocional não é um destino, mas sim uma jornada contínua de aprendizado e crescimento. É um compromisso consigo mesmo, uma busca constante pelo equilíbrio, pela consciência e pela harmonia interior. É como um jardim que precisa ser cultivado com amor, dedicação e atenção, para que as flores da felicidade, da paz e da realização pessoal possam florescer em toda sua plenitude.

Que esta jornada pelo mundo da gestão emocional seja apenas o começo de uma vida mais consciente, equilibrada e feliz. Que as ferramentas e os conhecimentos adquiridos ao longo deste caminho o acompanhem em cada passo, em cada escolha, em cada relacionamento, em cada desafio.

E que você possa colher os frutos da gestão emocional em todos os aspectos da sua vida, construindo um futuro mais promissor, significativo e realizador.

A gestão emocional é um legado que deixamos a nós mesmos, uma jornada de cuidado e transformação que floresce em cada aspecto de nossa existência. Os frutos colhidos – relacionamentos mais profundos, maior equilíbrio, resiliência e uma conexão autêntica com nosso propósito – nos lembram do poder de nossas escolhas e do impacto do autoconhecimento em nossa vida.

Ao continuar cultivando esse jardim interno com paciência e atenção, garantimos que ele prospere em todas as estações. Cada prática adotada, cada reflexão incorporada e cada emoção acolhida são sementes plantadas para um futuro mais pleno e significativo. Esse é um processo sem fim, onde o aprendizado constante fortalece nosso caminho e renova nossas forças.

Que esses frutos sejam celebrados e compartilhados, alimentando não apenas seu crescimento, mas também inspirando aqueles ao seu redor. Com dedicação, a gestão emocional não apenas transforma sua jornada, mas também ilumina o mundo, provando que o equilíbrio interior é a base para uma vida verdadeiramente realizada.

Epílogo

Caro leitor,

Ao finalizar este livro, sinto uma profunda gratidão por ter trilhado este caminho ao seu lado. É com humildade e alegria que me despeço destas páginas, esperando que elas tenham ecoado em seu coração e aberto novos horizontes em sua jornada pessoal.

Escrever este livro foi, para mim, uma experiência transformadora. Cada palavra, cada conceito, cada reflexão compartilhada nasceu de um desejo profundo de contribuir para a construção de um mundo mais consciente, compassivo e emocionalmente inteligente.

Ao longo destes capítulos, exploramos juntos o universo fascinante das emoções. Investigamos a linguagem secreta que elas falam, os seus mecanismos complexos, as suas nuances e os seus paradoxos. Mergulhamos nas profundezas da psique humana, desvendando os mistérios da mente e os caminhos que levam ao autoconhecimento, à cura e à transformação pessoal.

Espero que este livro tenha sido mais do que uma simples leitura. Que ele tenha sido um diálogo entre nós, um convite à reflexão, uma provocação para que você se reconecte com sua sabedoria interior e desperte o mestre que reside em seu interior.

Agradeço por ter me acompanhado nesta jornada. Espero que as ferramentas e os conhecimentos compartilhados aqui o auxiliem a trilhar o seu caminho com mais clareza, confiança e serenidade. Que este livro seja um guia para a sua jornada de autoconhecimento, cura e transformação pessoal.

Lembre-se: as emoções são como bússolas que nos guiam pelos caminhos da vida. Ao aprendermos a ouvi-las com atenção e respeito, podemos navegar com mais segurança pelas águas da existência, transformando desafios em oportunidades e construindo uma vida mais plena, autêntica e significativa.

Com gratidão,
Amadeu Rossi

www.ingramcontent.com/pod-product-compliance
Lightning Source LLC
LaVergne TN
LVHW040046080526
838202LV00045B/3516